U0601679

上海市中小学数字教材建设与教学应用实验项目

复合型教材与数字教材建设研究与实践

上海市教育委员会教学研究室　编著

上海教育出版社

图书在版编目（CIP）数据

复合型教材与数字教材建设研究与实践/上海市教
育委员会教学研究室编著. — 上海：上海教育出版社，
2019.10
ISBN 978-7-5444-9222-5

Ⅰ.①复… Ⅱ.①上… Ⅲ.①基础教育—教材—研究
—上海 Ⅳ.①G632.3

中国版本图书馆CIP数据核字（2019）第210385号

责任编辑　赵柳松
封面设计　朱博韡

复合型教材与数字教材建设研究与实践
上海市教育委员会教学研究室　编著

出版发行　上海教育出版社有限公司
官　　网　www.seph.com.cn
地　　址　上海永福路123号
邮　　编　200031
印　　刷　上海中华印刷有限公司
开　　本　787×1092　1/16　印张　15
字　　数　289千字
版　　次　2020年3月第1版
印　　次　2020年3月第1次印刷
书　　号　ISBN 978-7-5444-9222-5/G·7611
定　　价　88.00元

如发现质量问题，读者可向本社调换　电话：021-64377165
审图号：GS（2015）511号

序

　　随着科学技术的不断进步，社会经济的不断发展，加快教育现代化，推进教育信息化发展，已经成为新时代人才培养的助推力和催化剂。国家为此陆续发布了《国家中长期教育改革和发展规划纲要（2010—2020年）》《国家教育事业发展"十三五"规划》《教育信息化十年发展规划（2011—2020年）》《教育信息化"十三五"规划》《教育信息化2.0行动计划》等文件，反映了国家对教育信息化的高瞻远瞩和深谋远虑。为了贯彻落实国家关于教育现代化、教育信息化的指示要求，上海参与了国家教育部《开展数字化课程环境建设与学习方式的变革》项目的研究，近年来在数字化课程环境建设，包括课程资源开发、学习平台架构、学习终端配置方面，以及在教师的教学信息化应用和学生的学习方式改变方面都做了有益的探索与实践。随着研究的推进，根据上海市教育委员会的指示精神，上海市教育委员会教学研究室牵头开展了一期《中小学数字教材实验项目》、二期《中小学数字教材建设与教学应用实验项目》的深入研究与实践，寻找中小学数字教材建设和教学应用的合适路径与方法，形成工作思路与策略，提炼有价值、可供借鉴的经验与方法。

　　数字教材建设与应用是数字时代教育发展的必然趋势。信息技术已对人们的生产、生活和思维方式产生了深远影响。在信息化环境下，数字阅读也已经成为大趋势，被社会广泛接受，人们对数字化出版物的诉求与日俱增。教材作为学生、教师、家长乃至社会广泛关注的特殊出版物，其数字化转型也是顺应了社会发展和阅读方式的变化，因此，数字教材已经具备了较高的社会需求度和接受度。

　　数字教材建设与应用是实现教育现代化的前提和基础。"以教育信息化推进教育现代化"是党和国家的重要战略方针。教材是国家意志的体现，是落实教育方针、理念的重要载体，也是师生开展基于教学规律、基于学科逻辑、基于学生认知方式的教学活动的基本依据。在教育现代化的推进过程中，数字教材建设是数字教育资源建设的核心工作。研究数字教材开发、编制、应用的全过程管理，有助于探索信息化环境下教育资源数字化及可持续建设的机制，对促进我国课程教材的建设和发展具有时代意义。

　　数字教材建设与应用有助于开展自主学习和个性化教学。教材是师生开展教学活动的主要资源和基本载体,也是反映教学变革的重要方面。数字教材所具有的媒介特点将大大丰富支持教学活动的教学资源,提供更加直观的视频、音频和交互形式的动态材料。这将为学生创设更生动的学习环境,搭建自主学习的平台,为教师提供个性化教学的舞台,帮助他们关注学生的个性差异,创建更多时空让学生独立思考、独立实践、独立研究,从而培养学生终身学习的必备能力和品质,促进学生的全面发展。

　　数字教材建设与应用是培养具有数字素养的未来人才的迫切需要。智能化时代需要的人才,其数字素养是不可或缺的关键素养。数字素养即是在数字环境下利用一定的信息技术手段和方法,能够快速、有效地发现并获取信息、评价信息、整合信息、交流信息的综合能力。数字教材的建设与应用,提供了培养学生数字素养的土壤。学生浸润在这样的环境里,才能成为具有竞争力、不惧挑战的现代化人才。国家《教育信息化2.0行动计划》指出:"要坚持引领发展。构建与国家经济社会和教育发展水平相适应的教育信息化体系,支撑引领教育现代化发展,形成新时代的教育新形态、新模式、新业态。"因此,中小学数字教材建设与教学应用,首先要探寻适合环境、条件允许的可行、可靠的路径与方法。

　　教材建设是国家事权,构建从教材编制到应用反馈的管理闭环是教材安全和质量的基本保障。数字教材建设与教学应用作为一项系统工程,要回答"如何建设数字教材"的问题,首先就要回答建设机制问题,其中包括数字教材建设的业务规范和技术标准等问题。因此,要对数字教材建设的整体机制进行研究,形成数字教材全生命周期的业务规范和技术标准,为数字教材内容建设和相关信息化系统开发提供范例与参考。而要建立数字教材建设全生命周期的业务流程、管理规范和技术规范体系,实现对数字教材的编制、审查、出版、发行、应用、评价起到指导作用,应该通过在真实情景下开发编制具有一定结构、配置相关资源的数字教材,通过数字教材在真实环境下的实际使用,通过资源、工具、软件、平台的支持和运行,探索并打通数字教材建设的全流程渠道,形成管理和服务的支撑保障,最终提升教材建设、教学实施以及管理的信息化水平。数字教材建设与应用研究,具有重要的意义,但也面临不小的挑战。基于对中小学数字教材建设与教学应用的现状分析,受限于当前的技术环境、人文环境和各种衍生的附带条件等因素,数字教材在一段时间内暂时还无法全面取代纸质教材,纸质教材在一定时间内还有其存在的现实基础。采用过渡形式、兼顾各种条件的**复合型教材**[1]应运而生。

　　复合型教材是纸质教材发展为数字教材过程中的重要形态,就目前的技术、人文、

---

[1] 复合型教材是本项目研究界定的一种教材形态,详见本书第一章。

政策以及整体环境等因素而言，复合型教材应该是更加具有适应性、可行性的一种存在形式。而要建设高质量的复合型教材，应该对复合型教材的设计规范、教学结构、标引内容、技术要求、工作流程等方面进行深入研究，并通过编制成型的教材样章形成范例，系统展示复合型教材建设的全流程，从而为复合型教材的编制、审查、内容安全和稳定使用提供可靠依据。在此基础上，继续全面深入开展教学结构、教材配套数字资源及关键教学特征标引的研究，形成全样本复合型教材和配套资源体系，并应用于真实的教学环境，才是真正完成了复合型教材建设全过程的探索与实践，为全面推进复合型教材的编制和使用奠定基础。

随着复合型教材标引体系的深入应用，学习数据的不断积累，学习分析的逐步成熟，经验成果的不断丰富，我们将积极推进教材的形式、内容、结构、使用以及管理向纵深发展。复合型教材作为过渡阶段的教材形态，其开发编制与应用实践的全流程探索，将对信息化环境下的课程教材和教育教学变革起到桥梁的作用，将对教育信息化发展的政策环境和体制机制、数字教育资源共建共享机制的形成，以及教育管理信息化体系的集成产生积极的影响。

徐淀芳
2020 年 3 月

目　录

第一章

概　述

"信息技术对教育发展具有革命性影响，必须予以高度重视"，这一论述首次出现在《国家中长期教育改革和发展规划纲要（2010—2020年）》中，在随后发布的《教育信息化十年发展规划（2011—2020年）》中也提出了信息技术应与教育、教学深度融合，《教育信息化2.0行动计划》更是强调要"将教育信息化作为教育系统性变革的内生变量"。近年来，无论是从事教育信息化研究的学者，或者在教学第一线耕耘的教师，还是相关教育企业，都在积极开展各种教学研究和技术尝试，以期充分利用现代教育技术的优势，探索"深度融合"的路径，推动信息化教育的创生发展。

　　随着教育信息化研究的不断深入，众多研究者和实践者逐渐意识到，在信息化教学环境下，数字教材已成为支持课堂及课外学习的新型学习形态[1]。它不仅在各类数字课程资源中处于核心地位，也是各类平台建设、应用和保障的主要抓手。从这一视角出发，本项目围绕复合型教材和数字教材的建设开展了课题研究与教材开发。该项目在上海市教育委员会的领导下，由上海市教育委员会教学研究室（以下简称"市教研室"）牵头，中文在线数字出版集团股份有限公司（以下简称"中文在线"）和相关教材出版单位、上海新华传媒连锁有限公司等共同参与、联合开展。在对复合型教材和数字教材建设的工作流程、编制方案的设计规范、基本教学结构以及基本技术要求分组研究的基础上，选取部分学科，进行了若干教材样章编制的实践探索，总结提炼出复合型教材和数字教材建设的路径和方法，形成复合型教材和数字教材的建设和运行机制，希望能为教育信息化的可持续发展提供有益经验。

一、研究界定

（一）教材

　　本研究所称教材涵盖纸质教材、数字教材及其附加教学材料，具体包括课本、练习册、活动册、实验册、图册、音像制品等学习资料和教师用教学参考资料、挂图或其他教学资料。主要研究范围是上海市中小学（幼儿园）课程改革委员会（原上海中小学课程教材改革委员会）有计划编写的中小学、幼儿园教材。

---

［1］ 孙众，骆力明.数字教材关键要素的定位与实现［J］.开放教育研究，2013（4）：60—67.

（二）复合型教材

本项目研究的复合型教材是指在纸质教材基础上，添加一定的配套数字资源，并使用数字标识技术在纸质教材上进行热点或热区标识，可以通过终端识别标识并获取相应配套数字资源的立体化教材。

本项目完成的复合型教材样章在版面设计、热点或热区标识和识别技术上呈现多样性。有的复合型教材在纸质教材上印制有二维码[1]；有的则与纸质教材无异，通过特定的手持设备（通常是手机或PAD）扫描书上的特定区域后，可激活手持设备中对应的数字资源，并可在手持设备中观看或操作数字资源。使用的热点或热区标识包括二维码、MPR码和图片。识别技术包括利用摄像头进行二维码识别和图像识别，利用专用设备进行MPR码识别。

（三）数字教材

本项目研究的数字教材是指以二进制数字代码形式存在，记录在以光、电、磁为介质的设备中，需要借助于特定的设备来读取、复制、传输、展现的教材；是以内容（资源）为中心，以阅读与学习软件（工具）、学习终端（设施）及网络服务（平台）为应用支持，并将内容与应用进行有效整合的学习系统。

1. 基础型数字教材

在纸质教材排版文件的基础上，通过全息数字化转换和信息提取形成的、原版原貌再现纸质教材信息的数字教材。

2. 增强型数字教材

在基础型数字教材的基础上，添加一定的附加富媒体资源，并通过对上述内容的细粒度解析（也称"碎片化"）和深度标引，能够提供更多表现形式的数字教材。

3. 原生型数字教材

完全基于数字化、信息化环境而开发，没有相应原版原貌纸质教材的数字教材。

本项目的原生型数字教材建设研究关注数字媒体交互的优势和特色、教学结构的体现、数字媒体资源和数字化功能呈现的要求，以及对教材编制过程中的自查与检测要求。

本项目还通过相关综合课程的研究，逐步开展从教材到课程，从纯粹数字平台运行到提供全课程资源服务的深入研究。

---

[1] 常见的二维码是矩阵式二维码中的一种，英文名称为QR Code（Quick Response Code），本书中如没有特别说明，二维码就是指QR Code。后面提到的MPR码同样也是一种矩阵式二维码。

二、问题的提出

《国家中长期教育改革和发展规划纲要(2010—2020年)》首次将教育信息化独章论述,明确信息技术对基础教育的革命性影响。2018年4月教育部提出实施《教育信息化2.0行动计划》,到2022年基本实现"三全两高一大"的发展目标,进一步强调未来教育信息化的发展方向关键在于教与学的常态化应用,覆盖全体教师和学生。

推进信息技术与教育教学的深度融合,以此撬动教育变革,是当前国家教育发展的战略选择。数字化教材是崭新的事物,承担着引导和支持教学方式变革的历史使命,然而反观现实,我们的课堂离"经常用、普遍用"的信息化教学新常态还有距离。如何做到技术与教学的融合? 如何让信息技术为教学方式的深度转型提供切实支持? 这些都是摆在我们面前的现实问题。数字教材是教学内容与信息技术结合的产物,对教材的生产者与使用者的信息素养有较高的要求,因此,有必要对纸质教材和数字教材进行对比研究,对教师选择纸质教材和数字教材的现状进行调查,要考虑绝大多数使用者的使用习惯和接受能力,并在此基础上,找到解决途径,开展符合国家战略发展目标的探索。

(一) 纸质教材和数字教材关系研究的兴起

在中国新教育发展的百年历史上,纸质教材始终与学校教育相伴,成为课程实施的唯一载体。然而,数字教材的出现将打破、甚至颠覆这一模式。数字教材不仅节省成本,还能提高学习主动性和学习兴趣,激发学生的求知欲与创新力。但这种全新的教学模式也遭到不少专家和学生家长的质疑:数字教材真的能完全取代纸质教材吗? 基于这些质疑,众多学者针对纸质教材和数字教材的关系进行了对比研究。如:张培华通过案例研究,总结美国、欧盟、日本等国家和组织的数字教材发展历程,并结合我国数字教材的发展状况得出结论:"数字教材还无法完全取代纸质教材,甚至可以说不可能取代。两者的功能并不具备相互替代性,而是具有互补性。数字教材以纸质教材为蓝本,一方面,吸收和保留纸质教材在内容结构、学科逻辑等方面的优点;另一方面,丰富纸质教材的表现形式、教学交互模式等。所以,从长远发展来看,数字教材更有可能以补充性学习材料的形式存在,与纸质教材相得益彰"。[1]

彭雪庄在对广东省590所中小学的实证调查研究中发现,"虽然发达地区相比欠发达地区有更多使用数字教材的经验,但发达地区与欠发达地区对数字教材的功能需求

---

[1] 张培华.纸质教材的数字化未来探析.出版广角[J],2017(6):29.

并无显著差异"。在调查教师对于纸质教材与数字教材的选择倾向上，该研究统计结果显示："教师整体认为'全部使用数字教材'的比例仅5.7%，两者并存比例高达52.9%，其次选择'纸质教材为主，数字教材为辅'为27.2%，'以数字教材为主，纸质教材为辅'平均14.3%"。如表1.1所示：

表1.1 教师对于纸质教材与数字教材的选择[1]

地区	全部使用数字教材	数字教材与 纸质教材并存	以数字教材为主， 纸质教材为辅	以纸质教材为主， 数字教材为辅
珠三角	111（6%）	993（53.9%）	212（11.5%）	527（28.6%）
粤东	84（5.8%）	729（50%）	221（15.2%）	424（29.1%）
粤西	80（5.8%）	764（55.3%）	197（14.3%）	341（24.7%）
山区	87（5.2%）	883（52.3%）	278（16.5%）	440（26.1%）
合计 （均值）	362（5.7%）	3 369（52.9%）	908（14.3%）	1 732（27.2%）

（二）复合型教材是两者并存现状的解决途径

综上所述，由于长期以来教师、学生、家长使用习惯的延续，数字教材与纸质教材并存且相互支持的状态也将延续。本项目以此现实为基础，着力构建纸质教材与数字教材相结合的教材新形态，这种新形态就是本项目重点研究的复合型教材。复合型教材充分利用了数字化交互功能，强调互动性和高效性；此外，丰富的资源形式能够满足学生学习过程中的个性化需求，丰富和完善学生的学习经历和体验，为教与学的有效实施提供了支撑。本项目组建了包括学科专家、教研员、教材主编和编写人员以及出版社团队在内的研究团队，采用协同推进的方式开展复合型教材建设的研究工作。在研究初步完成后，选取高中五门学科（物理、数学、英语、历史、地理），进行了六个样章（其中英语两个样章）的实践探索；最后总结提炼出复合型教材建设的路径和方法，希望能为教育信息化的可持续发展提供有益经验。

（三）数字教材是对未来发展的初步探索

本项目开展多形态数字教材内容建设、运行机制构建以及技术支持的研究，完成基础型、增强型、原生型三种形态数字教材的开发。其中，基础型数字教材是以上海市

---

［1］ 彭雪庄.教育信息化2.0时代优质数字教育资源普及模式探究——以广东省数字教材规模化应用调研为例.中国电化教育，2018，（9）.

"二期课改"中小学、幼儿园现行纸质教材为基础,制作PDF文件,是纸质教材原版原貌的数字转档形式教材;增强型数字教材是基础型数字教材增加了原纸质教材配套磁带或光盘内容形成的数字教材,它兼具基础型数字教材和原生型数字教材的优点,具有较强的可操作性。本项目第一阶段已经实现基础型、增强型数字教材的开发和试验,让教师和学生能够安全可靠、方便地获取所学课程的数字教材,并初步构建了科学合理的中小学数字教材开发、审查、出版、发行、管理、应用、评价的机制,为实现数字资源建设可持续发展奠定了基础。

本项目第二阶段已将重点落在原生型数字教材开发和建设的探索研究上。原生型数字教材是按照数字化环境下学习的特点,重新设计与制作的数字教材,没有原版原貌的纸质教材内容作为基础模板。与传统纸质教材相比,原生型数字教材在内容策划、课程建设和出版流程上存在很大不同。作为数字教材的一种新形式,原生型数字教材虽具有互动性强的特点,但也存在技术难以统一、版权难以保护的风险,若要在学校日常教学中应用仍需进一步深入研究。因此,项目组在重点研究复合型教材建设的同时,对原生型数字教材的建设及其建设机制也进行了初步探索。此外,也进一步开展了全课程资源建设和服务的深入研究。

三、研究思路与任务

(一)研究思路

1. 以纸质教材的工作机制为基础

本项目承担的研究任务,迄今为止并没有成熟的案例可参考,更没有成熟的先例可以遵循。为了保障本项目的顺利开展和项目研究成果的可执行性、可操作性和普适性,本项目兼顾已有的模式和未来发展的要求,以现行纸质教材出版发行的分工协作机制为基础,构建科学合理的复合型教材和数字教材的编制、审查、出版、发行、管理、试验、评价机制,为实现数字资源建设可持续发展奠定基础。

2. 以探索路径和方法为目的

本项目的核心工作是围绕复合型教材的建设开展课题研究与教材开发。课题研究的目的是为复合型教材建设探索工作的路径和方法,对复合型教材建设的工作质量提出要求;并将研究成果应用于复合型教材的教材开发,以复合型教材样章的形式直观呈现;继而通过对样章的研究分析、总结反思,再对研究成果加以完善。本项目对数字教材的初步探索也遵循此思路,最终形成原生型数字教材研究成果。

(二)研究任务

基于上述研究思路,研究任务分为课题研究和教材开发两个部分。

1. 课题研究

复合型教材的课题研究可细分为业务与技术规范和内容规范。业务与技术规范包括工作流程与要求和基本技术要求。复合型教材的内容规范一方面以规范教材编制方案的设计为着力点；另一方面，由于复合型教材对配套数字资源在学科上、教学服务上的专业要求，需要先行研究教学结构，再将教学结构的研究成果加入教材编制方案的设计规范，因此课题研究包括基本教学结构的研究和设计规范的研究。数字教材的研究，在基础型、增强型数字教材同步研究时，重点探究并阐述原生型数字教材的研究内容和成果，即原生型数字教材的课题研究可细分为技术规范和内容规范。由于原生型数字教材完全基于数字化、信息化环境而开发，技术规范除基本技术要求外，还包括功能设计方案；内容规范仍以教材编制方案为着力点，突显原生型数字教材的功能特点及要求。课题研究的具体任务如下：

1）复合型教材：

① 复合型教材编制与出版的工作流程与要求；

② 复合型教材编制的基本技术要求；

③ 基本教学结构的研究；

④《复合型教材编制方案》的设计规范。

2）数字教材：

① 原生型数字教材编制的基本技术要求和功能设计方案；

②《原生型数字教材编制方案》的设计规范。

2. 教材开发

依据复合型教材和原生型数字教材的特点，分别选取相应学科进行教材开发。复合型教材选取高中五门学科（物理、数学、英语、历史、地理）进行六个样章编制；原生型数字教材选取一门学科（英语）开发两个样例；并延伸为全课程资源建设范畴一门综合课程的样例——上海市中小学新科学新技术创新课程（以下简称"双新课程"）。

四、研究方式与方法

（一）研究方式

基于上述研究任务，本项目以合作研究的方式（见图1.1）协同推进；既做到集思广益，又兼顾术业专攻。根据研究目标分成不同研究组，定期集体交流，确保各组之间信息互通，并共同研究，解决难点问题。

本项目的研究方式具有以下特点：

第一，各研究组以协同推进的方式开展研究工作。由于各研究组涉及的研究人员

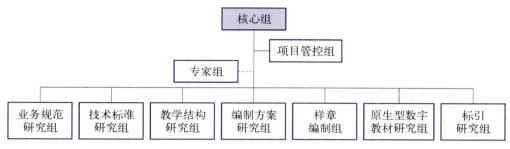

图1.1 合作研究的组织结构

均包括学科专家、教研员、教材主编和编写人员、出版社团队，因此，项目组决定以各组协同推进的方式开展研究工作。《复合型教材标引研究与实践》[1]的研究团队即标引研究组，与本项目其他研究组共同研讨、共享研究资源与成果。

第二，各研究组既有分工又互相合作。核心组由市教研室教研员、中文在线研究人员和出版社项目负责人组成，研究工作的安排布置、研究进度的推进、成果的质量把控等工作都由核心组承担和落实。专家组由学科专家或教材主编组成，负责研究的前期调研和后期成果的评审；研究过程中的重要议题也需要听取专家组的意见。

核心组要求各研究组处理好本研究组与核心组、其他研究组的关系，密切跟进相关研究组的进度，根据相关研究组的输出成果修订和完善本组研究成果的提纲和框架，并注意处理好新的研究成果与本项目的关系。

第三，充分发挥出版社团队在研究中的重要作用。从事教材出版的出版社对教材的研究越来越重视，他们在教材建设中具有非常重要的作用。因此，项目的合作研究充分发挥了出版社团队的作用，将来源于实践的经验进行总结提炼，形成研究成果。这样的研究成果应用于实践将更具可操作性。

（二）研究方法

本项目以探索性研究为特色，集聚各相关领域的专业人士，用已知的信息，探索、创造新知识，产生新颖而独特的成果。在此基础上，各研究组根据研究任务，综合使用了文献研究法、定性分析法、跨学科研究法、经验总结法、调查访谈法等。下面按各组任务具体阐述。

1.复合型教材编制与出版的工作流程与要求

本部分内容的研究分三步进行。

第一，通过文献研究、调查访谈、定性分析，确定复合型教材建设的主要工作流程。

---

[1]《复合型教材标引研究与实践》为本书的姊妹篇，由中华地图学社出版。

复合型教材的建设是多部门、多人员合作参与的过程，整个流程环节众多，有必要在整个业务流程中，基于复合型教材的编制目标、原则、总体构想，通过研讨、调研等方式，与教育行政部门、出版社、编制团队交流，分析各门学科、各个学段的特点，提炼核心环节，继而梳理出主要工作流程。这项工作有利于简单明了地反映业务流程的全貌，减少细节要素对整体工作过程的干扰。

第二，通过跨学科研究、经验总结、调查访谈和定性分析，解释复合型教材与纸质教材在业务流程上的差异。复合型教材的基础是纸质形式的，部分业务流程与纸质教材的编制非常接近，因此可以参考借鉴传统纸质教材业务流程。但是复合型教材不仅具有纸质教材的元素，更要整合有数字资源的特定内容。对两者的流程差异进行专项分析，有助于准确描述复合型教材编制与出版工作流程与要求的特点，对教材编制出版单位、发行单位在工作的侧重点等方面更具指导意义。

第三，通过经验总结、调查访谈后明确复合型教材工作流程中的组织机构、人员角色及权责。经初步分析，整个业务流程涉及的组织机构、人员角色较多。确认责权清单，是整个业务流程中的基础性工作，有利于流程中的机构、人员全面履职尽责，做到程序透明，保证工作的效率和公平。权责明确，有利于强化参与机构的责任意识，使其从思想上高度重视；也有利于其增强服务意识，从而不断提升复合型教材的质量。

2.《复合型教材编制方案》的设计规范

主要采用跨学科研讨、调查分析、经验总结、定性分析等研究方法，反复论证、打磨形成研究成果。研究过程中具体采用文本分析、关键词内涵研究、样章编制实践研究、综合分析等方法。具体过程如下：

首先，确定设计规范在原纸质教材的《〈教材编制方案〉的设计规范》基础上融入一个要求、三大关键词以体现复合型教材的特点。一个要求是《教学基本要求》[1]；三大关键词是"数字资源""教学结构""标引体系"。其次，重点研究数字资源。研究组基于数字出版的现状进行调查分析，并协同样章编制组共同进行实践研究，分别开发五门学科六个复合型教材样章，汇总数字资源的形式、载体等信息，形成设计规范中的相关内容与要求。再次，在上述研究过程中，研究组参与教学结构研究组和标引研究组的相关研讨，并将相应研究成果融入设计规范中。最后，研究组综合分析经实践的所有设计表、属性表及相关案例，从实用性、可操作性方面进一步梳理，最终形成体现复合型教材特点的，有案例和工具表支撑的《〈复合型教材编

---

[1]《教学基本要求》是上海市教育委员会教学研究室组织编写的各学科的教学基本要求的统称。参见书后"参考文献"。

制方案〉的设计规范》。

3.基本教学结构的研究

教学结构研究成果在复合型教材建设的实施推进过程中具有重要的作用,研究工作先行开展,为《〈复合型教材编制方案〉的设计规范》提供基础。

教学结构主要采用文献研究、跨学科研讨、调查分析、定性分析等研究方法,反复论证、打磨形成研究成果。研究组首先从文献研究开始,通过调研,收集各学科专家的意见;在专家意见的基础上,集中研讨,出版社编辑也一同参加研讨,从教材编制的角度提出反馈建议;研究组通过综合分析,形成研究报告;最后经设计规范组研究和样章编制实践后,针对实践过程的反馈进行修改完善,形成最终稿。

4.复合型教材编制的基本技术要求

通过文献研究,了解与本项目相关的技术指标和规范;通过跨学科研究,明确技术规范的要素;经研讨、调查、访谈后进行总结提炼,提出基本技术要求;再和复合型教材样章编制组一起探索各种技术方案的可用性、适用性以及对于教材审查及出版流程的影响,形成基本技术要求,并将此要求应用于复合型教材样章的编制。在编制工作结束后,通过调查访谈、经验总结,对基本技术要求进一步完善,形成最终稿。

5.复合型教材建设的实践

复合型教材样章编制是对以上四项研究成果的实践验证。样章编制的总体要求是:按照《复合型教材编制与出版的工作流程与要求》,认真研读《基本教学结构的研究》,遵守《〈复合型教材编制方案〉的设计规范》和《复合型教材编制的基本技术要求》的相关规定。样章编制工作遵循开放多元的原则,不限制各样章的热点识别技术和数字资源的数量、形式、载体,采用调查研讨、对比分析、经验总结等方法,完成六个样章的建设实践。再通过个案研究和问题调查的方法,将建设实践的结果向业务规范组、技术标准组、教学结构组和设计规范组反馈,以完善各自的研究成果。

6.《原生型数字教材编制方案》的设计规范

本研究力图遵循数字教材这一特殊数字产品建设的基本规律。从案例研究切入,到成品设计研发,再深入实践研究,通过短片段的循环往复、螺旋上升的过程,从设计开发到使用反馈再到调整完善,保证设计规范的可行性、稳定性和安全性。

7.原生型数字教材编制的基本技术要求和功能设计方案

技术规范的研究充分考虑现有条件下的可行性。信息技术的迅猛发展,为未来的课程教材提供了无尽的想象空间,但教材有其特殊性,数字教材是一种特殊的数字产品。本研究立足当下,以可行、可操作、可实施为基本原则,以梳理分析不同类型课程教材的案例为起点,提炼和总结原生型数字教材建设的相关技术要求和方案,在不影响教材建设基本程序的前提下,考虑原生型数字教材的特殊性。

8.原生型数字教材建设的实践

原生型数字教材建设与以上6、7两项研究是一个相互渗透、迭代的过程,通过调查研讨、对比分析、经验总结等方法不断调整完善,形成相关要求和规范文档,以及可供借鉴的样章和样例。

原生型数字教材是一种完全基于数字化、信息化环境的数字教材,其研究应符合该类教材的设计、开发和运行要求。因此,原生型数字教材的研究除文献研究、调查访谈、定性分析等常规研究方法外,最为突出的是重视课程教材和技术的融合探索。

在原生型数字教材研究的基础上,通过综合课程全课程资源的建设,项目组还延伸开展从教材到课程,将网络平台、纸质教材、资源提供、互动交流等相结合的一体化课程服务的研究与实践。

五、研究内容与价值

(一)研究框架

本项目的研究总目标是探索复合型教材和以原生型数字教材编制切入的数字教材建设的路径和方法。路径和方法是否可行需要通过样章编制加以验证。因此,本项目研究围绕着复合型教材样章和原生型数字教材样例进行,分别从业务与技术规范、内容规范展开。如图1.2所示:

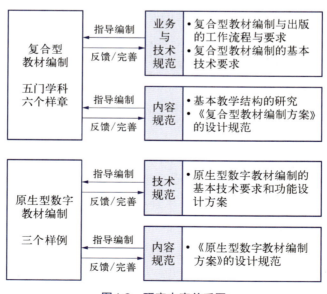

图1.2 研究内容关系图

复合型教材业务规范的研究内容是复合型教材编制与出版的工作流程与要求,技术规范是复合型教材编制的基本技术要求;复合型教材内容规范包括基本教学结构的研究和《〈复合型教材编制方案〉的设计规范》。原生型数字教材着重研究技术规范,即原生型数字教材编制的基本技术要求和功能设计方案,内容规范为《〈原生型数字教材编制方案〉的设计规范》。

这些规范的初步研究成果用于指导样章和样例的开发,开发完成后,再通过对样章和样例的综合分析,完善相关规范,最终形成本项目的研究成果。

(二)研究内容

1. 复合型教材编制与出版的工作流程与要求

复合型教材编制与出版的工作流程与要求将复合型教材编制出版发行等环节中涉及的相关部门、实施单位以及相关人员在各自工作中行使的职能或承担的任务进行了全面梳理,概括提炼出工作流程,并对各项工作任务提出基本要求,以保障复合型教材建设在跨领域、多方参与的情况下顺利推进,保证复合型教材的建设品质。

2.《复合型教材编制方案》的设计规范

复合型教材是信息化技术与纸质教材的结合,是一种全新的教材形式,需要通过《〈复合型教材编制方案〉的设计规范》向教材编制组明确具体编制要求。本规范在纸质教材编写方案的设计规范基础上,融入了对教材体现教学结构的要求、数字资源的要求、教材编制过程中的自查与检测要求,并提供教材编制的各种设计表及能够通过标引工具输出的检核工具表。本规范还根据六个复合型教材样章的编制实践提供了相关内容的示例供教材编制组参考。

3. 基本教学结构的研究

教学结构的研究内容由两个部分组成:一是教学结构的基本环节,二是不同学科的具体示例。基本教学结构由"创设情境、引入问题—组织活动、激发思维—联系知识、明确本质—运用概念、解决问题"四个环节组成,这四个环节并不严格规定其先后顺序,并可因教材编写的需要对各环节进行叠加和嵌套。基本教学结构突出"学生为中心,教师为主导"的理念,重视知识的形成过程和学生思维品质的提升。此外,本研究还提出其他形式的教学结构,如从思维方式培养角度切入的教学结构和以项目式学习为背景的教学结构。

需要特别说明的是,本项目对教学结构的研究,重点不在于其理论研究和学术探讨,不纠结于概念的精准描述和分类的精细定位,而是将重点落于教学结构在主要学科中常见环节和组合顺序的可行性实践研究,作为辅助工具为复合型教材的编制提供参考。

本书附录还附上了教学结构在不同学科中的具体呈现，它们是：语言学习领域（语文学科）教学结构，语言学习领域（英语学科）教学结构、数学学习领域（数学学科）教学结构、社会科学学习领域（历史学科）教学结构、自然科学学习领域（物理学科）教学结构。

4. 复合型教材编制的基本技术要求

根据复合型教材的特点，复合型教材编制的基本技术要求主要针对热点标识、配套的媒体资源及热点到内容的关联提出基本的、与技术相关的规范和要求。这包括热点标识的设置，媒体资源的采集、加工、转换和保存等内容；媒体资源包括文本、图形/图像、音频、视频、交互性富文本、三维模型等格式。本要求充分考虑不同热点标识的特点和适用性，各种类型媒体资源的特点和对其进行数字加工的特殊性因素，在制定过程中尽可能直接引用和采纳国际上已经普遍应用的技术标准和规范。

5. 复合型教材建设的实践

复合型教材样章的研究在充分探索和实践中开展，强调复合型教材的教学引导作用，突出纸质教材和数字资源相辅相成，共同提供学习材料，优化学习体验。教材编制组选取高中物理、数学、英语、历史、地理五门学科进行了六个样章的编制实践。教材编制组按照《〈复合型教材编制方案〉的设计规范》的要求，梳理教材内在结构、逻辑关系、内容选取，从师生的需求出发，确定数字资源的内容与呈现形式，撰写数字资源稿本，再由教材出版社建设相应平台或资源库，制作相关数字资源，最后以热点标识呈现在纸质教材上。六个样章分别探索了不同学科复合型教材的内容与形式，为未来复合型教材的建设提供了可参考、可借鉴的依据。

6. 《原生型数字教材编制方案》的设计规范

《〈原生型数字教材编制方案〉的设计规范》以小学英语原生型数字教材、"双新课程"为样例，初步明确原生型数字教材的编制规范，包括结构体系、设计特色、数字媒体资源内容设计等，可为编制组、教材主编、出版社开展原生型数字教材的策划、编制和出版工作提供业务参考。

7. 原生型数字教材编制的基本技术要求和功能设计方案

《原生型数字教材基本技术要求和功能设计方案》提供了原生型数字教材的技术实现路径与方式，包括技术架构、功能、制作和检测标准及规范等内容。研究成果充分考虑数字教材内容设计的合理呈现，符合当前数字教材编制的技术条件，满足各学校教学应用的软硬件条件，并达到相关部门对数字教材安全性的要求。该研究成果为原生型数字教材的开发工作提供技术参考。

8. 原生型数字教材建设的实践

本项目开发了小学英语原生型数字教材，包括上海教育出版社和上海外语教育出版社两个版本。

小学英语原生型数字教材完全基于数字化、信息化环境而开发,针对小学一、二年级的学生,以听说为抓手,通过大量视、听、说、唱活动,让学生充分感知语言,培养表达能力,培养英语语感,激发学生学习英语的兴趣,为后续学习奠定坚实的基础。该数字教材由学生端与教师端构成,可绑定班级,实现课堂组织教学与师生互动。

本项目还通过"双新课程"的研究与实践,开展从数字教材到全课程资源的延伸探索。"双新课程"的全课程资源从教学需要出发,设计了课程实施方案、电子教材、教学设计、教学课件、课题指南与辅导、文献摘录以及微课等七类教学资源。除了传统的纸质教科书,还采用数字化和网络化形式,兼具扩展视野、教学交流、课程服务等功能,为教师开展教学活动和学生跨越课堂时空的自主学习提供平台支持。因此,"双新课程"探索的是一种从教材视角向课程服务广度发展的研究与实践。

(三)研究价值

1. 夯实教材建设的基石

本项目科学地规划、布局了复合型教材和原生型数字教材建设的运行机制和规范制度,这是教材建设的一项基础保障工程,也是一种理论支持性工作。运作机制研究从顶层设计的角度,围绕开发、编制、审查、出版、发行、试验、评价,明确界定机制中各环节参与主体的职责分工、角色定位;并从管理上对各方权责、实施策略、保障机制进行布局与全面规划。这有利于复合型教材和原生型数字教材建设的参与主体进行合理规划,并按照科学的项目管理计划推进和实施。

2. 引领未来教材开发工作

本项目重新定义了教材的内容与形式,在国内具有首创性。国内对电子教材或数字教材的类似研究并不多见,且主要为理论和现状研究。本项目是实践研究,其研究成果包括可实施的路径和方法,能够引领未来教材的开发工作,对各学科教材都有实际指导意义。

在教材内容开发方面,本项目主要在两方面极具首创价值。

第一,本项目引入了"教材对教学结构的体现"。作为课堂教学的主要教学材料,教材都传递了一定的教学法,引领课堂教学模式的变革。经教师演绎,特定的教学法会形成课堂教学流程与环节的基本框架。本项目基于课堂教学实践提炼了教学结构的基本环节,使复合型教材的编制是在教学结构的引导下进行,将进一步推动教材的设计和编制向有利于学生的学习、有利于学习方式转变的方向发展。

第二,本项目对教材编制的多个维度而非单一维度,均提出细致的建议,从教材的总体构想到内容设计,包括结构体系、基本体例、对核心概念的落实、活动的设计、作业的设计、数字资源内容的设计等。

在教材呈现形式方面，本项目既研究和建设了具有实践价值的纸质教材与数字资源相结合的形式——复合型教材，又探索和初步建设了未来基于信息化环境的原生型数字教材。

3. 规范管理教材编制出版流程

本项目梳理了教材从编制到使用的全流程工作，明确了流程各环节的工作内容与要求、执行的人员与职责，构建了完备的管理规范体系。这一管理规范体系囊括了高校教授、一线教师、出版社编辑和印制人员、信息技术公司专业技术人员、发行人员、学校工作人员等不同行业不同岗位的人员，能够有效规范、管理教材工作。

4. 促进教材建设相关领域融合发展

本项目已初步完成教材建设的相关机制课题的研究和实践，这些路径和方法对于教材建设的相关机构和单位来说，具有一定指导和借鉴意义。项目采用合作研究的方式，集合编制、审查、出版、发行各机构和单位的相关岗位专家协同推进。因此，其研究的过程，客观上起到了推动各环节主体关注创新、不断自我完善的作用，有助于促进教材出版发行单位的数字化转型，推动教材建设相关领域的融合发展。

5. 推进教育信息化发展

随着云计算、大数据、物联网等新技术逐步广泛应用，社会整体信息化程度不断加深，信息技术对教育的革命性影响日趋明显。信息化已经上升为国家的战略方针，一系列政策文件要求持续推动信息技术与教育深度融合。与此同时，无论是上海还是全国其他地区，学校网络教学环境大幅改善，师生不断探索网络条件下的新型教学、学习与教研模式。在这样的背景下，本项目研究的内容反映了基础教育走向教育信息化的主动探索，记录了一次基于实践、着眼未来、可操作、可推广的尝试。基于教材的核心地位，本项目研究成果的推广实施势必体现信息化对课堂教学的辐射作用，从而进一步推动学生认知方式、学习方式和教师教学方式的变革。

六、展望

本项目以复合型教材为研究重点，同时对数字教材进行了初步探索。众多项目成果是基于当前技术条件下的原创性研究，但考虑到教材的特殊性，将安全性、稳定性、成熟性作为首要条件。研究任务由各专业领域人员协同完成，教研员、学科专家、主编、出版社责任编辑、技术人员分别集合各专业知识开展研究，再汇总不同领域专家的意见，进行集体研讨。在这种研究方式下，每项研究都由该专业领域人员主导开展，保证研究成果的专业性。

作为教材建设的一个研究项目，本项目重视教材出版单位不可或缺的地位，并邀请相关教材出版社责任编辑共同参与，在研究过程中共同探索和实践，这既为未来复合型教材建设的实施者提供过程培训，又对各种操作层面的问题提出解决方案，使研究成果能够应用于未来教材的建设实践。

当然，由于尚未有可参照的复合型教材和数字教材，本项目的诸多课题研究探索性非常强，未可预料的风险也较多。主要体现在以下两个方面：

第一，研发技术尚未统一，基本技术要求是技术标准的大胆尝试。本项目组织各出版单位进行复合型教材的研发，并完成了高中五门学科六个样章的开发。但由于技术实现方式多元，技术发展日新月异，在尚未进行教学试验的情况下，不宜进行技术实现方式的统一。因此，本项目只提出"基本技术要求"。希望本项目成果能在未来教材编制中得以应用，待教学试验后，再次组织各方专家，共同研讨建设能够应用于智慧教室、实现教育与技术深度融合的未来教材。

HTML5、增强现实（AR）、虚拟现实（VR）等新型技术以及APP、轻应用等新应用形态带来了多种可能，在突破了纸质教材和传统课程设计思路的束缚后，数字教材可借助各种前沿的技术进行策划、构建课程，各出版单位和开发单位均优先以产品需要为出发点选用合适的技术进行数字教材设计与架构，可能出现既有系统平台无法满足对其功能需求完美支持的情况。因此，本项目结合当前数字教材的具体研发实践，总结出原生型数字教材采用的技术要求和平台功能对接建议、数字资源格式标准等可参考借鉴的规范，以期对未来教材的审读、审查、发行和应用统一技术标准提供有力支撑，并建议对新技术予以宽容和支持，留出特殊通道，以鼓励新课程形态的创新尝试。

第二，复合型教材和原生型数字教材的开发和使用，势必带来运维的挑战，亦即在传统教材的建设和使用中需要增加运维环节。由于复合型教材和原生型数字教材尚处于样章研发和建设研究阶段，尚未进入学校试验，运维机制也尚未涉及。一旦入校试验，势必牵涉公共网络；此外，教师和学生的需求、新兴技术的融合以及电脑和移动系统平台的更新升级势必产生客户端的实时更新及升级工作。因此，需要安排专业的运维团队，进行客户端后台、服务器和数字资源的日常维护和管理；采取相应的技术手段减少非法程序的侵入概率，保护其安全和稳定。

总而言之，本项目围绕着复合型教材建设和以原生型数字教材编制切入的数字教材建设，着力研究未来教材可持续发展的工作机制与应用标准。希望以新技术迅猛发展为契机，整合各方资源，着眼未来，共同构建未来教材的建设和管理路径，为教育信息化发展提供有益经验。

第二章
复合型教材建设的研究

第一节

复合型教材编制与出版的工作流程与要求[1]

　　为进一步加强上海市中小学（幼儿园）教材建设，完善教材建设管理制度，切实提高教材编制质量，上海市教育委员会以及有关单位，在多年探索与实践中，逐步建立了一套教材申报、编制、审查、出版、发行和试验评价管理的工作流程和规范要求。复合型教材建设的研究与实践，是为适应新时期的发展要求而开展的，因此复合型教材的编制、审查、出版和发行等工作也应纳入上海市教材建设的整体管理范畴之中，并深入探索其作为纸质教材与数字资源相结合的新形式教材的特殊管理要求。

　　复合型教材在建设与管理的研究和实践中，采用了"编写团队编写，出版单位制作和出版，主编和责任编辑共同负责，教材审查管理部门审查，教材发行单位发行，教材编制管理部门管理"的既分工又协同合作的工作原则，探索了适合复合型教材建设的工作机制。

一、核心机构与人员

　　复合型教材的建设实施等工作，主要由领导单位和业务实施单位承担。领导单位包括上海市教育委员会和上海市新闻出版局，业务实施单位包括复合型教材的编制审查管理单位、编制出版单位以及发行与其他相关单位。具体机构如图2.1所示。

（一）领导单位

　　1. 上海市教育委员会（以下简称"市教委"）

　　整体规划、全面领导上海市中小学（幼儿园）复合型教材申报、编制、审查、出版、发行和试验评价等工作。具体包括市教委相关管理部门。

　　2. 上海市新闻出版局（以下简称"市新闻出版局"）

　　会同市教委，对复合型教材的出版、印制、发行工作进行全面监督检查，领导和组织教材的发行工作。

---

[1] 本节内容仅针对上海市所用教材的编制、审查等工作。

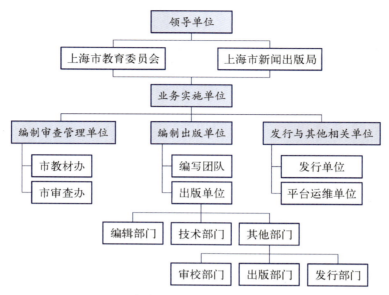

图2.1　复合型教材编制与出版核心机构

（二）业务实施单位

1.编制审查管理单位

1）教材编制管理办公室（以下称"市教材办"）

市教材办负责复合型教材申报、编制、出版、发行、试验评价的日常运作和管理，承担复合型教材申报、编制、出版、发行、试验评价业务的研究、指导、服务、管理等职能，负责处理教材申报、编制、出版、发行、试验评价等相关日常事务。

市教材办工作人员负责复合型教材申报、编制、出版、发行、试验评价等的管理和指导工作，负责申报阶段材料的审核，编制、出版、发行、试验评价阶段的业务指导与落实，与出版单位、发行单位及市教委相关部门有关人员进行对接。

审读专家团队由市教材办组织，负责审读《复合型教材编制方案》（以下简称《编制方案》）等申报材料。

2）教材审查管理办公室（以下称"市审查办"）

市审查办负责复合型教材审查日常运作，承担复合型教材审查业务的研究、指导、服务、管理职能，负责复合型教材初审和审定的相关日常事务。

市审查办工作人员负责复合型教材的审查工作。

审查专家团队由市审查办组织，负责审查复合型教材等送审材料。

2.编制出版单位

编制出版单位是复合型教材申报、编制、出版的责任主体，主要由承担教材编制、出版的编写团队和出版单位组成。核心人员是主编与责任编辑。

1）编写团队

编写团队负责完成复合型教材申报、编写，参与试验评价，团队人员须具有完成复合型教材设计的能力。核心人员为主编。

主编整体负责，责任编辑协助，共同完成复合型教材编写及后续的试验评价工作。

编写人员配合主编和责任编辑完成复合型教材的编写及后续的试验评价工作。

2）出版单位

出版单位负责组织相关单位、部门和人员具体实施复合型教材的制作与出版。出版单位应具有确定的教材出版资质，设有必要的能够开展业务的编辑部门，并配有专业人员。

① 编辑部门

编辑部门是出版单位中复合型教材制作与出版的主要责任部门。核心人员为责任编辑。

责任编辑负责出版单位中复合型教材具体建设工作的组织、落实、协调和流程管理；协同主编完成相应工作；负责从编制到试验评价全流程与市教材办工作人员的业务对接。

② 技术部门

技术部门负责出版单位中复合型教材纸质部分和数字资源制作工作。核心人员为技术负责人。

技术负责人负责根据责任编辑的需求，组织团队完成纸质部分和数字资源的制作。

③ 其他部门

其他部门包括审校部门、出版部门和发行部门等。

审校人员负责审校复合型教材；质检员负责复合型教材的技术检测。

出版部门工作人员负责复合型教材出版（选题、书号、印制等）相关工作流程。

发行部门工作人员负责出版单位发行工作的流程管理；做好配套数字资源的上传、入库工作；与发行单位共同完成复合型教材的结算工作。

3. 发行与其他相关单位

主要由发行单位和平台运维单位组成。

1）发行单位

发行单位是复合型教材发行的责任主体，负责组织相关单位、部门和人员具体实施发行工作。

发行单位教材征订员负责在规定时间内完成复合型教材的征订、配送工作；发行单位教材结算员负责教材费用的结算工作。

2）平台运维单位

平台运维单位负责运营和维护复合型教材编制、审查、出版、发行平台的正常运转，保障数字资源的正常使用，提供平台的技术保障及客户服务方面的支持。

平台运维工作人员负责复合型教材配套数字资源线上内容库的运维及管理。

二、编制出版

复合型教材的编制、出版是指在市教委的领导下，教材编制出版单位对复合型教材进行编写、制作与出版的过程，包括《编制方案》与样章的撰写与完善、教材编写、编辑加工与制作校对、集成与测试、定稿与送审、出版等多个环节。

教材编制出版单位负责组织团队进行复合型教材编制，完成出版工作；市教材办对教材架构进行审核，落实政策和技术学习，向市审查办送审。

（一）机构与人员

复合型教材的编制出版环节主要涉及以下机构和团队：市教委（市课改办）、市教材办、市审查办、出版单位；审读专家团队、审查专家团队、编写团队。编制出版环节相关的机构与团队如图2.2所示。

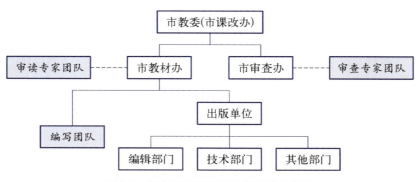

图2.2　编制出版环节相关的机构与团队

复合型教材的编制出版环节主要涉及以下岗位的人员：市教委（市课改办）负责人、市教材办工作人员、市审查办工作人员、审读专家、审查专家、主编、编写人员、责任编辑、技术负责人、制作人员、审校人员、出版部门工作人员、质检员。编制出版环节参与人员工作关系如图2.3所示。

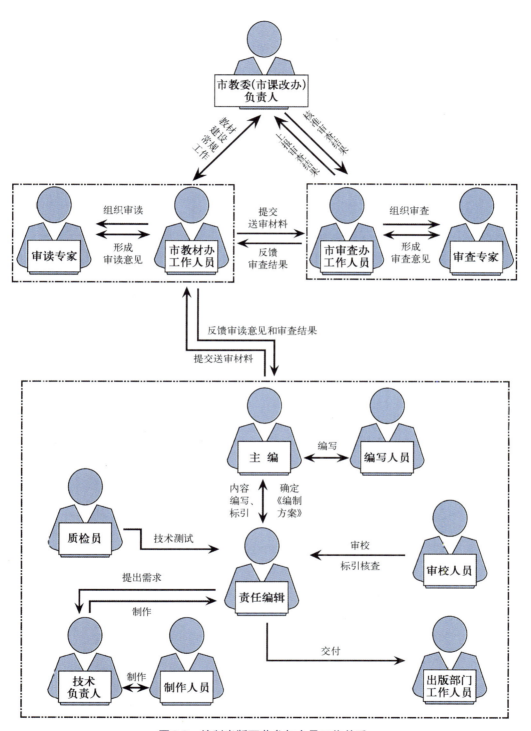

图2.3 编制出版环节参与人员工作关系

（二）工作流程

复合型教材编制出版环节工作流程如图2.4所示。

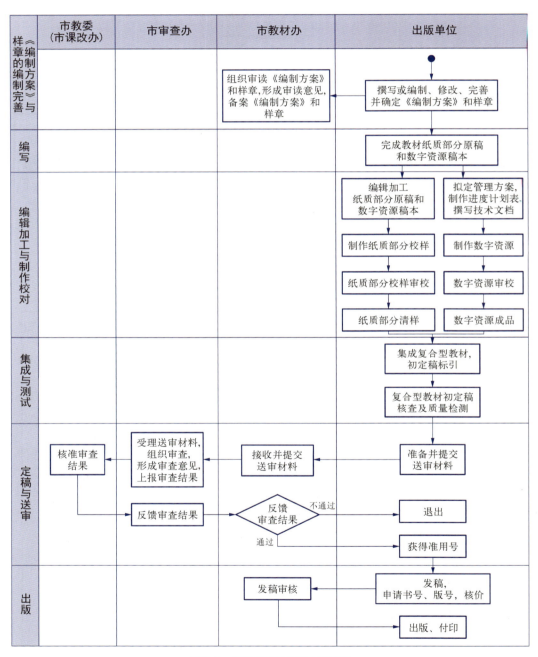

图2.4　编制出版环节工作流程

1.《编制方案》的撰写与样章的编制与完善

1）主编

组织编写团队撰写《编制方案》、编制样章。根据市教材办的审读意见,组织编写团队对《编制方案》和样章进行修改完善。

2）编写人员

配合主编与责任编辑撰写《编制方案》,并编制和完善样章。

3）责任编辑

根据市教材办对《编制方案》和样章的审读意见,协助主编完善《编制方案》和样章。将完善后的《编制方案》和样章提交教材办备案。

4）市教材办工作人员

组织审读专家审读《编制方案》和样章,形成审读意见,将审读意见交主编和责任编辑。

2. 教材编写

1）主编

负责根据修改完善后的《编制方案》和样章及市教材办的审读意见,与责任编辑充分沟通,制订复合型教材编写进度计划表,并根据计划表组织编写团队完成教材内容的编写,负责对教材内容的把关,完成纸质部分原稿和数字资源稿本的编写,然后提交给责任编辑。

2）编写人员

配合主编与责任编辑完成复合型教材的编写工作,完成个人负责的纸质部分原稿和数字资源稿本,并提交给主编。

3）责任编辑

负责根据修改完善后的《编制方案》和样章及市教材办的审读意见,协助主编制订复合型教材编写进度计划表,监督编写进度,配合编写团队撰写纸质部分原稿和数字资源稿本,接收主编提交的纸质部分原稿和数字资源稿本。

3. 编辑加工与制作校对

1）主编

根据责任编辑的审稿意见修改复合型教材纸质部分和数字资源稿本,确认复合型教材纸质部分清样和数字资源,与责任编辑一起,审核复合型教材的技术实现是否符合要求。

2）编写人员

配合主编与责任编辑,审核自己承担内容的技术实现是否符合要求。

3）责任编辑

对整个流程进行控制,负责编辑加工、制作校对。对主编提交的纸质部分原稿和数字资源稿本进行编辑加工,形成审稿意见,提交二审、三审;取得校样和数字资源后,对其进一步处理,并提交审校人员对内容进行审校,完成复合型教材纸质部分清样。同时,承担将内容与技术相融合的工作,配合技术负责人制订复合型教材制作进度计划表,并监督制作进度,与技术负责人进行沟通,提出制作需求,确保制作的纸质部分清样和数字资源符合复合型教材内容的设计。

4)技术负责人

根据责任编辑的需求,拟定复合型教材制作进度计划表和管理方案;组织管理制作团队根据纸质部分原稿和数字资源稿本内容与要求,完成纸质部分清样和数字资源成品的制作工作;撰写技术文档,确保制作的纸质部分清样和数字资源成品符合复合型教材内容的设计。

5)制作人员

在技术负责人的管理下,完成复合型教材纸质部分清样和数字资源成品的制作工作。制作团队包括装帧设计人员、排版人员、绘图人员、视频或动画制作人员、程序编制人员、录音师、音效师等。

6)审校人员

负责对复合型教材纸质部分和数字资源进行审校,确保其符合出版要求与规范。

4.集成与测试

1)主编

组织编写团队完成复合型教材的标引工作,负责确认标引内容。

2)编写人员

根据主编和责任编辑的要求,审核个人负责的纸质部分清样和数字资源成品的适配情况;完成个人负责的复合型教材内容的标引工作。

3)责任编辑

负责集成与测试整个流程的控制,确保集成和标引的顺利完成。

4)质检员

负责复合型教材的技术检测,形成复合型教材质检报告,确保教材的正常使用及程序运行的稳定和安全。

5)审校人员

负责对完成标引的复合型教材进行纸质部分与数字资源适配情况和标引内容的核查,确保符合出版要求与规范。

5.定稿与送审[1]

1)主编

依据质检报告和审校意见对复合型教材进行修改,完成送审样;根据要求,完成送

---

[1] 本步骤仅阐述复合型教材编制、出版流程中与审查环节衔接的工作环节。审查环节的具体工作流程和工作要求在"三、审查"中详述。

审报告和《编制方案》；接收市教材办工作人员反馈的审查结果并完成修改。

2）责任编辑

配合主编完成复合型教材送审样、送审报告和《编制方案》，形成送审材料，并提交市教材办工作人员；接收市教材办工作人员反馈的审查结果；协助主编做好修改工作。

3）市教材办工作人员

负责接收复合型教材送审样、送审报告和《编制方案》。

在教材编制单位向市教材办提出送审申请之后，市教材办统一向市审查办提出审查申请；负责核查送审材料；提交送审材料至市审查办；负责接收市审查办审查结果，并反馈给教材主编与责任编辑，督促其根据审查意见完成修改。

4）市审查办工作人员

负责接收由市教材办提交的送审材料；组织审查专家审查送审材料，包括数字资源安全性、稳定性和容量的审查；组织审查专家团队，形成审查意见，将审查结果（含审查意见）上报市审查办负责人；将审查结果反馈给市教材办工作人员；审查通过的教材，由市审查办报送市教委（市课改办）核准，并颁发上海市中小学（幼儿园）教学用书准用号。

5）审查专家

按照审查的程序、方式、标准和要求，公正、客观、专业地进行审查，提出个人审查意见；交流、研讨、汇总，形成小组审查意见。

6. 出版

1）主编

接收市教材办交付的审查结果，根据审查意见修改教材，确认最终完成的复合型教材发稿样并填写复合型教材出版发稿单。

2）责任编辑

接收市教材办交付的审查意见和准用号后，配合主编修改教材，撰写对审查意见的回复；将完成修改的复合型教材和复合型教材出版发稿单一起提交市教材办；接收市教材办发回的复合型教材发稿样，完成出版社内出版流程，如提交书号、版号申请，发稿，严格执行审稿制度和"三校一读"制度，交付出版部门相关工作人员进行后续工作等。

3）市教材办工作人员

接收责编交付的复合型教材发稿样、审查意见的回复和复合型教材出版发稿单；审核并提交市教材办负责人审批，备案后，将复合型教材发稿样、复合型教材付印单发送教材出版单位。

4）出版部门工作人员

负责申请、报批复合型教材的书号、版号、核价等。

（三）工作要求

复合型教材编制出版业务的工作要求涉及组织编写与制作、审稿、排版后续工作、标引、编制材料归档、建立社会监督机制等方面。

1. 组织编写与制作

主编负责组织编写人员共同商议编写工作，制订具体编写时间计划，明确每个编写人员的编写任务，并且对编写完成的各部分纸质教材初稿和数字资源稿本进行统稿。

责任编辑配合主编的工作，具体落实《编制方案》的制定，包括统一纸质部分初稿和数字资源稿本的编写规范、结构、体例、格式等，明确每个编写人员的编写任务及篇幅；协助主编制订具体编写时间计划，包括具体工作流程、人员组成、时间节点安排及任务，以及会议及经费等事务性工作安排；协助主编及时对编写完成的各部分纸质教材初稿和数字资源稿本进行统稿，统一规范稿件，并解决已发现的问题。

责任编辑要对编写完成的复合型教材初稿进行预审，检查稿件质量：包括政治性、专业性、结构框架、行文格式、语言文字、量和单位的使用规范等。根据预审情况，撰写审稿意见，提出对复合型教材初稿进行退修或进入下一步编辑流程处理的意见。

责任编辑配合技术负责人组织制作团队，根据纸质部分和数字资源稿本，进行相关设计，涉及教材定位、内容需求和功能需求、交互设计、原型测试，形成产品规格需求书。采集、整理相关的文字、图片、图标、公式、音频、视频等素材，制作符合要求的数字资源。

2. 审稿

1）审稿制度

审稿是指对教材稿件进行审读、评价、决定取舍，以及对复合型教材纸质部分原稿和数字资源稿本需要修改的内容提出修改要求和建议的编辑活动。

审稿的主要目的，是通过审读人员的把关，决定内容的取舍，提高教材稿件的质量，对师生负责，对编写人员负责。

出版单位内部实行的审稿制度，由初审、复审和终审三个审级组成，称为"三级审稿责任制度"或"三审责任制度"，简称"三审制"。

初审即责任编辑负责，应由具有出版专业技术职业任职资格（中级及以上职称）的编辑人员担任；复审应由具有正、副编审职称的编辑室主任一级的人员担任；终审应由具有正、副编审职称的社长（副社长）、总编辑（副总编辑）或由社长、总编辑指定的具有正、副编审职称的人员担任（非社长、总编辑终审的书稿意见，要经过社长、总编辑审核）。三个环节缺一不可。三审环节中任何两个环节不能同时由一人担任；同一审级之中可以安排多人多个审次，并广泛听取有关专家的意见。《复合型教材审稿要求》详见附录1。

2）加工整理

编辑加工是使已决定采用的内容达到出版规范要求的编辑活动,体现为审读、审改和审定等工作内容。

编辑要对复合型教材纸质部分原稿和数字资源稿本进行编辑加工,主要包括对文字进行消灭差错、润饰提高、规范统一、核对引文、查对资料、校订译文、推敲标题、撰写和规范辅文等工作;对数字资源,如图片、音频、视频等,要依据数字资源稿本内容解决差错性问题,并按照相关规范及标准进行专业处理。

3. 排版后续工作

复合型教材纸质部分排出校样以及数字资源制作完成后,校对人员进行校对的同时,还要送编写人员和三审人员审阅,责任编辑要适当处理。

1）"三校一读"制度

校对是教材出版流程中不可或缺的环节,直接影响教材的出版质量。它是编辑工作的必要延续,是编辑后、印刷前的最后一道质量把关工序。出版单位要配备足够的具有出版专业职业资格的专职校对人员,认真执行"三校一读"制度,保证教材成品的质量。"三校一读"制度指出版物必须至少经过三次校对(初校、二校、三校)和一次通读检查后,才能付印;教材应根据实际情况相应增加校次。

每一种教材应由不同的校对者分别进行不同校次的校对,同时指定一名具有专业技术职称的专职校对人员作为责任校对,负责校样的文字技术整理工作,监督检查各校次质量,并负责付印样的通读工作。通读是校对过程中的最后一道校次,责任校对需脱离原稿阅读、检查校样(必要时核对原稿)。

校对人员应忠于复合型教材纸质部分原稿和数字资源稿本,逐一核对,消灭排版或制作上的错误;发现原稿和稿本中存在的各种差错或不妥之处,尤其是隐性的政治性、思想性、民族、宗教、地图及其他敏感性问题,以及病句与其他语法错误,还要注意人名、地名、书名、组织机构名等的前后统一,提出质疑,由责任编辑解决。

结合"三校一读"制度,还应进行文字技术整理,主要从体例、格式方面检查和整理教材校样,包括核对相关文字、检查版面格式、处理标题、检查图片、整理表格、检查复核校改之处等。

对于复合型教材中的数字资源,可参考"三校一读"制度,建立以"通读"为主的数字资源校对制度。《复合型教材校对的相关工作建议》参见附录2。

2）审校校样

教材校样和数字资源应该交编写人员审阅。校样和数字资源的审校须严格执行三审制以及"三校一读"制度。责任编辑审校教材校样和数字资源,一般采取"通读"方式,主要是检查和解决排版和制作后出现的新问题,同时还要处理编辑加工整理阶段遗留或疏忽的问题。如果责任编辑要在校样和数字资源上作涉及内容的重大修改,应征得编写人员同意。

3)处理修改和质疑

对编写人员在教材校样及数字资源上所作的重大修改,责任编辑要认真仔细地审读和加工。

审校人员(校对及二审、三审)从不同角度对教材校样及数字资源上的文字、内容、格式等提出的疑问和修改建议,责任编辑应该认真对待,并在教材校样上明确作出适当处理。

4.标引

主编负责,责任编辑协助,组织编写人员利用标引工具对教材进行标引。在编写人员标引过程中,主编和责任编辑须及时指导,解答疑问,消解冲突,保障标引工作高效高质地完成。

编写人员须严格按照标引规范使用标引工具。编写人员使用标引系统,对教材进行标引,在标引过程中须及时沟通,如有疑问须及时提出,如遇到标引冲突须及时报告。

审校人员对已完成的复合型教材标引进行严格核查,确保标引与复合型教材内容的匹配,并形成复合型教材审校意见。

主编和责任编辑收到审校意见后,应解答、处理审校人员的质疑,由相关人员进行修改,确保标引工作的完成,形成复合型教材送审样。

5.编制材料归档

教材编制出版单位应为每一种教材建立一卷或数卷档案。归档的文件材料包括:与书稿有关的合同协议书;初审、复审、终审的审稿意见,外审意见,编辑加工整理的记录,审校意见,质检报告;出版单位申报、编制出版过程中向市教材办提交的所有材料和接收的材料(原件或复印件),包括《编制方案》、样章、复合型教材送审报告、复合型教材送审样、复合型教材出版发稿单、审读意见、审查结果、审查意见的回复、复合型教材发稿样等;申报、编制出版过程中生成的作品和出版社内部流转的表单,如原稿或复制件,教材编写进度计划表,复合型教材纸质部分和数字资源制作进度计划及制作管理方案,封面、版式设计稿,与编写人员有关书稿的往来信件、邮件和退修意见,教材校样,教材样书,稿费通知单等。

6.建立社会监督机制

为了保证教育教学质量,在组织开发、编写、出版国家教材时,要严格按照教育部和市教委的要求及规划进行编制,同时为了进一步规范与保障教材的科学性与教育性,要加强对教材的管理并且重视社会的监督机制。教材质量的高低,可以通过社会的检验得到及时、准确的评估,社会监督机制是保障教材质量的重要组成部分,也是教材管理十分有效的途径。

教材的社会监督主要有两种方式:社会团体监督和读者监督等。针对这两种方式,出版单位要做好相应的措施和应对的预案。

第一,教材出版单位与各种群众团体、学术组织代表建立固定的联系渠道,并主动征求意见,随时听取对教材的建议。建立关于不同学科的信息反馈电子邮箱或教材意见联系专线,教材出版单位定期对教材的意见进行总结与信息反馈。

第二,教材出版单位与教材使用者应建立密切的联系,重视师生的意见,加强学校调研。学生是教材的主要使用群体,因此要认真对待使用者的投诉并且予以回复,对有质疑的问题要通过合理有效的方式予以处理和解决。对社会舆论关心的问题,应通过适当的方式进行回应。

在社会监督机制的保障下,针对教材的编制,教材出版单位要设立相关的常态制度和特殊时期的保障机制,根据学科的特点对教材进行细致规划和编校。

三、审查

复合型教材的审查是指在市教委的领导下,教材编制出版单位提交包括《编制方案》和复合型教材在内的送审材料,经审查核准后最终成为正式教材进入课堂使用的过程,包括初审、审定两个环节。

教材编制出版单位提出复合型教材的审查申请;市教材办负责审核,通过后向市审查办申请送审;市审查办负责初审和审定工作。

(一) 机构与人员

复合型教材的审查工作涉及以下机构和团队:市教委(市课改办)、市教材办、市审查办、出版单位;审查专家团队和编写团队。审查环节相关的机构和团队如图2.5所示。

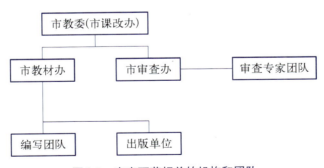

图2.5　审查环节相关的机构和团队

复合型教材的审查环节主要涉及多个岗位的人员:市教委(市课改办)负责人、市教材办工作人员、市审查办工作人员、审查专家、教材主编、编写人员和责任编辑。审查环节相关人员的工作关系如图2.6所示。

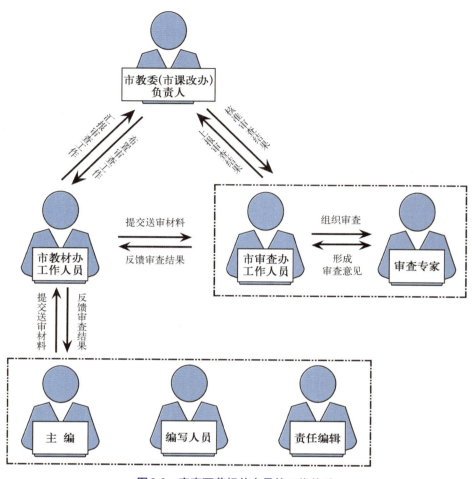

图2.6　审查环节相关人员的工作关系

（二）工作流程

复合型教材审查环节工作流程如图2.7所示。

1. 初审

1）主编、责任编辑

负责组织编写团队，落实初审材料，提出初审申请，提交复合型教材送审报告、《编制方案》和复合型教材送审样（含数字资源），跟进相关工作。

2）市教材办工作人员

接收教材编制出版单位提交的初审材料。材料审核通过，提交至市审查办。若送审材料审核不通过，通知教材编制出版单位退出。

接收市审查办下达的、经市教委核准的初审结果，向教材编制出版单位反馈。

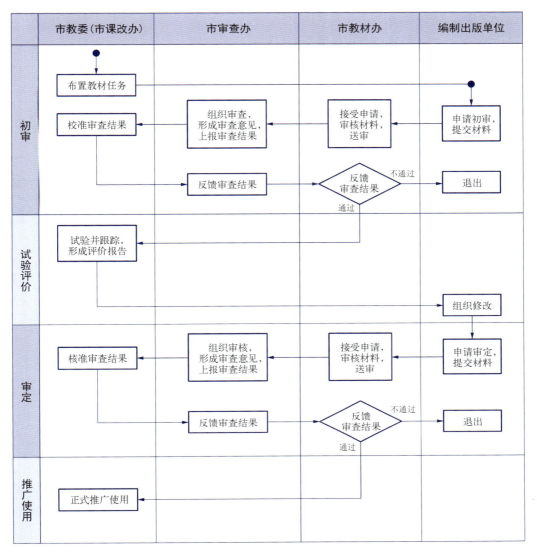

图2.7　审查环节工作流程

3）市审查办工作人员

接收市教材办提交的初审材料，组织专家初审，形成初审意见，并将结果上报市教委（市课改办）。

4）市教委（市课改办）负责人

接收市审查办提交的初审结果，核准初审结果，向市审查办反馈。

协调相关部门开展教材的试验[1]工作，跟踪评价，形成复合型教材评价总报告。

_____

[1]　教材从初审到审定须经过试验评价环节，此处仅阐述相关衔接工作的流程，试验环节的具体工作流程和工作要求在"五、试验评价"中详述。

5）主编、责任编辑

根据复合型教材评价总报告进行教材修改完善工作。

2. 审定

1）主编、责任编辑

负责组织编写团队，落实送审定材料，提出审定申请，提交复合型教材送审报告、《编制方案》和复合型教材送审样（含数字资源）。

2）市教材办工作人员

接收教材编制出版单位提交的审定材料。材料审核通过，提交至审查办。若送审材料未通过审核，通知教材编制出版单位重新准备材料送审。

接收市教委（市课改办）核准的审定结果，向教材编制出版单位反馈。

3）市审查办工作人员

接收市教材办提交的审定材料，组织专家审定，形成审定意见，并将结果上报市教委（市课改办）。

4）市教委（市课改办）负责人

接收市审查办提交的审定意见，核准审定结果，向市审查办反馈。

协调相关部门，开展教材的推广使用[1]。

（三）工作要求

复合型教材审查业务的工作要求涉及初审和审定等环节。

1. 初审

1）初审设定一定的受理时间，初审的对象为新编教材，需送市审查办并由市审查办组织专家进行审查。由教材编制出版单位向市教材办提出初审申请，并提交相关材料，再由市教材办向市审查办提出送审申请。

2）复合型教材送审报告和《编制方案》须按照市教材办提供的规范要求撰写。

3）市审查办工作人员在审查专家库中选取相关专家进行初审，其中包含技术专家。

4）教材编制出版单位按初审意见修改后，市审查办工作人员报市教委（市课改办）核准。对于审查通过的新编教材，由市审查办颁发准用号，完成审查工作。

5）初审结果包括通过、复核、复审、重新送审和不予通过。

① 通过。教材基本达到审查标准，按审查意见修改并经市教委（市课改办）核准后，可供本市中小学或幼儿园使用。

② 复核。教材在内容和要求、编辑、排版、技术实现等方面存在少量具体问题，按

---

[1] 教材审定后，进入推广使用环节，不在本书中详述。

审查意见修改后应能达到审查标准,市审查办组织原审查小组中部分专家进行复核后再作结论。

③ 复审。教材在框架结构、内容和要求、编辑、排版、技术实现等方面存在较大或较多问题,但这些问题在短时间内应可以修改达到审查标准,市审查办组织原审查小组进行复审后再作结论。

④ 重新送审。教材尚未达到审查标准,但尚具备修改的基础和条件,按审查意见修改后重新送审。

⑤ 不予通过。教材存在严重问题未能达到审查标准,且不具备修改的基础和条件,不再予以受理。

2. 审定

1) 复合型教材审定由学科专家、技术专家审查和市教委(市课改办)审定两部分组成。审定对象是通过初审、经过试验评价的复合型教材。

2) 教材编制出版单位依据复合型教材评价总报告组织修改教材。教材修改完成后,开展送审工作。复合型教材送审报告和《编制方案》须按照市教材办提供的要求撰写。

3) 市审查办工作人员在审查专家库中选取相关专家进行审查,其中包含技术专家。

4) 审定结果包括通过、复核、复审、重新送审和不予通过。

① 通过。教材基本达到审查标准,按审查结果修改并经市教委核准后,可供本市中小学或幼儿园使用。

② 复核。教材在内容和要求、编辑、排版、技术实现等方面存在少量具体问题,按审查意见修改后应能达到审查标准,市审查办组织原审查小组中部分专家进行复核后再作出结论。

③ 复审。教材在框架结构、内容和要求、编辑、排版、技术实现等方面存在较大或较多问题,但这些问题在短时间内应可以修改达到审查标准,市审查办组织原审查小组进行复审后再作出结论。

④ 重新送审。教材尚未达到审查标准,但尚具备修改的基础和条件,按审查意见修改后重新送审。

⑤ 不予通过。教材存在严重问题未能达到审查标准,且不具备修改的基础和条件,不再予以受理。

四、发行

复合型教材的发行是指在市教委的领导下,出版单位将编制好的复合型教材及相关元数据发送给发行单位,经一系列程序后最终发行并配送至学校供师生教学使用的过程。复合型教材的发行包括征订、配送、结算等环节。

市教委负责制定教学用书目录,市教委、市新闻出版局联合发布教学用书征订单;发行单位负责完成征订、配送、结算等相关工作。

（一）机构与人员

复合型教材的发行工作涉及以下机构:市教委、市新闻出版局、区教育局、发行单位、平台运维单位、学校、出版单位。发行环节相关的机构如图2.8所示。

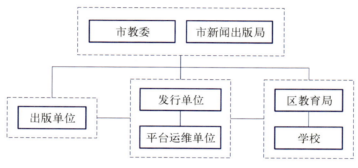

图2.8　发行环节相关的机构

复合型教材的发行环节主要涉及以下岗位的人员:市教委负责人、市新闻出版局负责人,发行单位教材征订员,平台运维工作人员,区教育局工作人员,学校报订员,出版单位发行员等。发行环节相关人员的工作关系如图2.9所示。

（二）工作流程

复合型教材发行环节的工作流程如图2.10所示。

1. 征订

1）市教委、市新闻出版局负责人

布置编制并发布教学用书目录与教学用书征订单的任务,对复合型教材的出版、印制、发行工作进行管理监督,确保完成每学期学校课前到书的总体目标。

2）发行单位征订员

负责在规定时间内完成复合型教材的征订,配合教学用书征订单发布工作,将教学用书征订单发放至各区和学校,汇总各区和学校反馈的教材订单,形成全市教学用书订单,并将教学用书订单发送至相应的出版单位。

3）区教育局工作人员

组织管理本区和学校教材的报订工作。

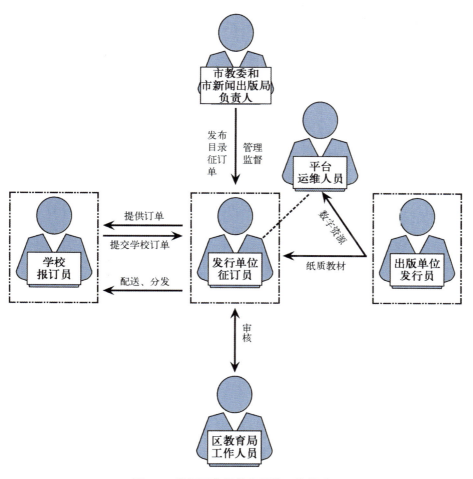

图2.9　发行环节相关人员的工作关系

4）学校报订员

负责在规定时间内完成本校师生的教材报订工作，将学校教材订单报发行单位。

5）出版单位发行员

负责出版单位复合型教材发行环节的流程管理，确保复合型教材成品质量达到相应的标准和要求；负责根据发行单位提供的订单数据信息，完成相应教材的印制，配合发行单位进行教材配送；与发行单位进行教材费用结算。

2. 配送

1）出版单位发行员

配合发行单位做好复合型教材纸质部分的印刷备货工作，将复合型教材配送至发行单位；配合平台运维单位做好配套数字资源的编目、上传、入库工作。

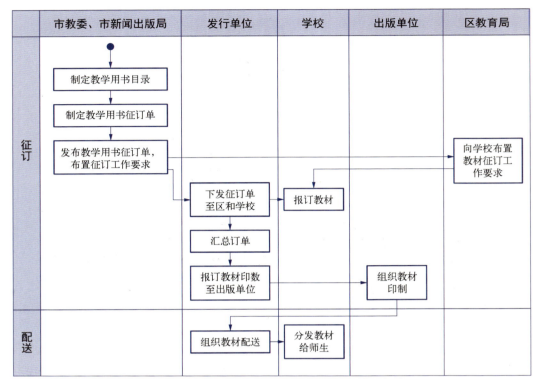

图2.10　复合型教材发行流程

2）发行单位征订员

组织复合型教材的配货，与出版单位协作，安排教材的仓储物流工作；与平台运维单位协作，做好复合型教材数字资源的入库准备工作。

3）平台运维人员

负责运营和维护发行平台的正常运转，对涉及教材配套数字资源的存储、配送分发、下载、教材客户端阅读软件提供平台的技术保障以及客户服务人员方面的支持。

4）区教育局工作人员

对本区学校的教材分发进行指导、监督检查。

5）学校报订员

配合发行单位、平台运维单位完成教材的分发、配套数字资源的下载和使用。

3. 结算

1）发行单位结算员

完成与出版单位的资金结算，与学校、区教育局的资金结算。

2）出版单位结算员

与发行单位协作配合，共同完成复合型教材的结算工作。

3）区教育局工作人员

负责支付需要区财政承担的教材款。

4）学校结算员

配合市教委、区教育局、发行单位完成资金的结算工作。

（三）工作要求

复合型教材发行业务的工作按市教委与市新闻出版局规定的要求进行。

1. 发布目录

每年春、秋两季,市教委制定和发布中小学、幼儿园教学用书目录,市教委与市新闻出版局联合发布中小学、幼儿园教学用书征订单,各单位须根据教学用书目录,按照教学用书征订单要求,认真做好教学用书的报订工作。

教学用书征订单数字版由平台运维单位负责生成和导入发行平台。

2. 征订

复合型教材的征订是在市教委的领导下,以各区教育局和发行单位为具体组织者,学校作为报订工作实施者,开展具体工作。征订工作提前一个学期进行,在每年上半年报订秋季教材,每年下半年报订春季教材。

1）上半年对秋季教材的报订

学校报订负责人按照区教育局提供的计划招生人数,填报起始年级的教材订数,并根据预估的本校下一学年的非起始年级学生年级人数和教学计划中的学科,安排填报本学校的教材订单。

2）下半年对春季教材的报订

学校报订负责人根据预估的本学年第二学期的学生年级人数和教学计划中的学科,安排填报本学校的教材订单。

对每一个复合型教材品种,其纸质部分和数字资源作为一个完整的订单项进行报订。发行单位接收到复合型教材纸质部分报订信息后,将启动"教材配货流程"组织教材备货,并根据"数字资源配送流程"进行线上配送处理。

3. 生产

发行单位统计学校报订的复合型教材品种和册数,核算出每个复合型教材品种的采购总数;出版单位根据发行单位提供的采购品种与册数,安排印制纸质部分,并准备好相关数字资源。

4. 入库

复合型教材的入库管理包括复合型教材纸质部分进入课本中心仓库的管理以及配套数字资源进入发行平台资源库的入库管理。

复合型教材纸质部分由出版单位委托教材承印厂运送至发行单位指定仓库,并随书提供承印厂和出版单位的质检合格报告;发行单位根据承印厂提供的发运单据核对待入库的教材品种与册数,验点正确后完成入库工作。如品种不正确或存在其他质量问题,发行单位可将教材退回承印厂;如册数短缺,承印厂须予以补足。

无论复合型教材数字资源内容是否变更,出版单位都应将每学期的复合型教材数字资源上传到发行平台资源库(数字资源在资源库中设定一定的保存期),并对资源库中的数字资源进行内容完好性和与纸质部分匹配性的检验,如检验不合格应及时解决。对资源库中通过检验的数字资源,出版单位应标注合格标志,并将检验合格报告发送给发行单位。

5. 配送分发

复合型教材的配送分发包括纸质部分的配送与配套数字资源的线上分发。

复合型教材纸质部分的配送通过发行单位的物流系统来完成。发行单位按照各所学校的订单信息,将教材从发行单位的仓库运输到学校。学校应将教材分配到班级和学生手中。

复合型教材数字资源通过发行平台实现网络化、自动化分发,师生应使用指定的学习终端系统扫描复合型教材的相关热点标识,系统在识别出数字资源的网络下载地址后将自动从发行平台下载数字资源。

6. 召回

如遇特殊情况,复合型教材经市教委有关部门判定需要召回,则发行单位在接到有关部门相应通知后,启动召回工作。

复合型教材纸质部分的召回工作由发行单位按照各所学校的教材订单信息,由各区教材发行部负责与学校联系回收,集中退回发行单位教材仓库。新印的教材根据各学校的订单信息,按照教材配送分发工作机制重新配送到各校。

复合型教材数字资源的回收由发行单位通过发行平台将问题资源从师生的学习终端系统中删除,然后重新分发。

五、试验评价

复合型教材的试验评价是指在市教委(市课改办)的领导下,区教育局和基层学校开展教材试验,形成意见汇总分析报告,编制团队启动修订,逐渐形成教材日常持续修改完善的工作机制的过程,包括启动试验、开展试验、收集信息、评价反馈等环节。

区教育局和基层学校负责开展试验,收集一线师生对教材的使用意见,与专家团队、编制团队沟通后形成意见汇总分析报告;编制团队负责根据报告启动教材修订工作。

（一）机构与人员

复合型教材的试验评价环节涉及以下机构和团队：市教委、市教材办、区教育局、试验学校、试验评价专家团队、教材编制团队，如图2.11所示。

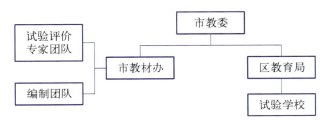

图2.11　试验评价环节相关的机构和团队

复合型教材的试验评价环节主要涉及以下岗位的人员：市教委负责人、市教材办工作人员、试验评价专家、教材主编与责任编辑、区教育局工作人员、区教研员、区信息中心工作人员、试验学校负责人、试验教师、校信息中心工作人员。试验评价环节参与人员关系如图2.12所示。

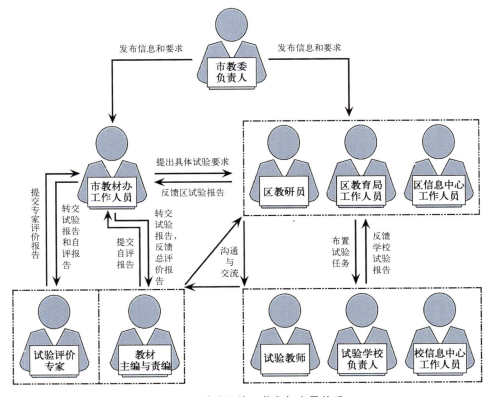

图2.12　试验评价环节参与人员关系

（二）工作流程

复合型教材试验评价环节的工作流程如图2.13所示。

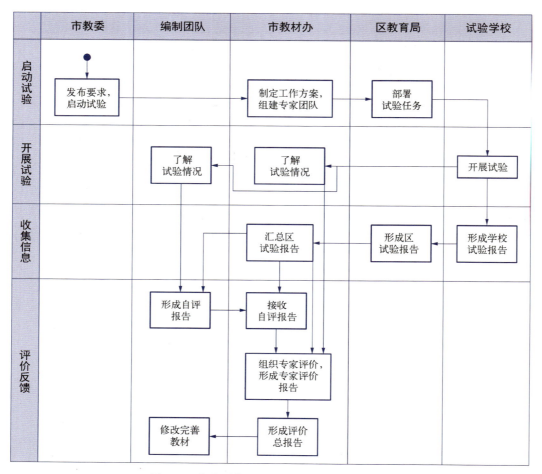

图2.13　复合型教材试验评价环节的工作流程

1.启动试验

1）市教委负责人

发布复合型教材试验工作信息和要求，确定试验区域和范围。

2）市教材办工作人员

市教委委托市教材办根据要求拟定试验评价工作方案，组建试验评价专家团队；协助开展试验所需的培训工作。

3）区教育局工作人员

根据市教委对复合型教材的试验评价要求和试验工作方案，对本区的教材试验评价进行统筹安排,拟定区试验工作方案,对本区的试验实施进行统一部署,确定试验学校,布置试验任务,开展试验实施前的培训以及试验过程的管理,确保试验评价的顺利完成。

4）区信息中心工作人员

配合区教育局工作人员,为教材试验评价的顺利实施提供技术上的保障。

5）编制团队人员

编制团队人员主要包括主编、责任编辑等,配合区教育局工作人员,开展教材的使用培训,介绍数字资源的使用方法等相关工作。

6）学校试验实施人员

试验实施人员(包括试验学校负责人、试验教师、校信息中心工作人员等)具体承担复合型教材试验实施任务,参加试用、试验评价培训,拟定学校的试验评价工作方案。

2. 开展试验

1）市教委工作人员

组织市级层面的交流研讨活动,发现问题,总结经验,确保各区按要求和计划完成试验任务。

2）市教材办工作人员

促进各试验区、校与复合型教材试验评价专家、编制团队的沟通,保障使用意见的收集和评价报告的形成过程科学有效。

3）区教育局工作人员

组织参加市级层面的交流研讨活动,组织区级层面的交流研讨活动,发现问题,总结经验,确保本区按要求和计划完成试验任务。

4）区教研员

与其他试验区和专家、编制团队及时沟通,了解相关学科教材的试验情况;组织本区各校相关学科试验人员的及时沟通,指导本区相关学科教材试验工作的开展和使用意见的收集。

5）区信息中心工作人员

保障试验期间本区的网络环境,提供复合型教材数字资源下载、使用的技术支持。

6）试验评价专家团队和编制团队人员

试验评价专家团队(包括高校专家、学科专家、技术专家、教研员、一线教师等)、编制团队参加各级交流研讨活动,与试验教师、教研员等充分沟通,及时听取日常试验意见。其中,技术专家应收集复合型教材在数字资源下载、使用过程中技术方面的意见。

7）试验学校负责人

参加市、区级层面的交流研讨活动,组织校级层面的交流研讨活动,发现问题,总结经验,确保本校按要求和计划完成试验任务。

8）试验教师

根据试验要求和试验计划,开展教材的试验研究,记录日常使用的情况(包括纸质内容、数字资源、技术支持等方面的使用意见);参与各项教研活动,与其他试验教师、专家团队和编制团队及时沟通,形成校复合型教材试验使用意见。

9）校信息中心工作人员

协助试验教师开展复合型教材的试验,提供教材使用过程中的技术支持,确保教材试验的顺利开展。

3.收集信息

1）市教材办工作人员

根据市教委要求,负责组织市级交流研讨活动,汇总区试验意见分析报告及意见表,组织试验评价专家团队和编制团队听取试验意见,将试验汇总分析报告和意见汇总表转交给试验评价专家团队和编制团队。

2）区教研员

负责组织区级交流研讨活动,汇总各校试验使用意见,形成区复合型教材试验使用意见汇总分析报告。

3）区信息中心工作人员

协助区教研员,完成区试验意见汇总分析报告,提供对数字资源使用意见分析的支持。

4）试验教师

开展校级交流研讨活动,根据日常使用情况,汇总校教材试验使用意见,形成校复合型教材试验使用意见汇总表。

5）校信息中心工作人员

协助试验教师提出数字资源使用意见。

4.评价反馈

1）市教材办工作人员

根据复合型教材自评报告、专家评价报告,形成评价总报告,用于教材修改完善。

2）试验评价专家团队

试验评价专家根据各区、校的复合型教材试验使用意见和分析报告,以及教材自评报告,研究形成复合型教材专家评价报告。

3）主编

组织编写人员,根据各区、校的复合型教材试验使用意见和分析报告,以及试验工作具体情况,形成复合型教材自评报告;根据教材评价总报告,开展教材修改完善工作。

4）责任编辑

协助主编完成复合型教材自评报告；根据教材评价总报告，协助主编开展教材修改完善工作。

（三）工作要求

复合型教材试验评价的工作要求涉及启动试验、开展试验、收集信息、评价反馈等流程。

1. 启动试验

复合型教材初审通过后，由市审查办报送市教委（市课改办）核准、颁发上海市中小学教学用书准用号，并编入上海市中小学、幼儿园教学用书目录，供试验学校试用。

复合型教材试验有区自主申报和市教委委托试验两种形式，由市教委发布要求，在试验区、学校正式启动试验。

2. 开展试验

根据复合型教材的特点，市教委、市教材办明确试验评价的总体要求，制定试验方案。相关试验区按照总体要求，制定本区试验任务目标、整体安排、方法步骤、措施要求、评价方法等试验方案的具体内容，确保基层学校有计划、按步骤、高质量、有成效地开展试验。试验学校在构建复合型教材基本应用环境的基础上，可以从教材纸质部分、数字资源部分和师生使用复合型教材的基本条件等方面落实试验进程，同时开展常规和专项的教研活动。各区信息化管理部门提供复合型教材应用信息化环境的技术保障和支持。

3. 收集信息

复合型教材试验部门应设计有利于实施、行之有效的收集信息的方法，制定合理的工作程序，开发、利用意见收集工具，主要从结构设计、内容编排、数字资源配置、教学实践、配套保障机制等方面收集使用意见，结合数字资源应用数据，经系统整理、统计，作为后阶段分析评价的依据，同时完善评价方法。

4. 评价反馈

在规定的试验周期内，开展评价工作。评价应注重专家团队、主编、责任编辑与提供教材使用信息的一线教师的沟通和交流。一线教师应充分理解教材文本、教学结构、热点标识、数字资源等信息的指向和编制的意图，保证评价意见的客观、科学和有效。各方专家加强交流合作，在分工落实相关任务的基础上，开展进一步研究，了解教材实际使用情况，客观评价教材，集体形成教材的评价总报告，为教材的进一步修改完善提供依据和有价值的信息。

第二节

《复合型教材编制方案》的设计规范

《复合型教材编制方案》是教材编制组对复合型教材的总体构想、各项要素的设计思路和实现方式等的详细说明。

《〈复合型教材编制方案〉的设计规范》（以下简称《设计规范》）是对复合型教材编制组制定的《编制方案》提出具体要求，对相关概念的内涵予以界定，对整套教材和样章的设计方案提出撰写要求，对教材各要素的编制提出建议，并提供相应的示例参考。

《设计规范》中的各项要求与建议是为了帮助复合型教材编制组在教材编制和《编制方案》的制定过程中厘清思路、审慎思考、科学设计和架构。

复合型教材是信息化技术与纸质教材的结合，是一种新的教材形式。教材编制组应特别关注《设计规范》中对教材体现教学结构的要求，对配置数字资源的要求，以及对教材编制过程中的自查与检测要求。《编制方案》的制定可依据《设计规范》的要求，参考复合型教材样章，充分利用《复合型教材标引研究与实践》一书中提供的标引工具。

一、复合型教材编制工作的目标

复合型教材编制工作的目标是教材编制组在一段时间内应该完成的成果的具体呈现，反映了教材编制组对该项工作的认识和思考，对整个教材编制过程具有激励和检查的作用。编制工作目标的确定，有利于教材编制组明确工作方向，厘清思路，梳理要解决的问题。根据教材编制工作目标，教材编制组应集中精力、全力以赴完成既定任务。

1. 要求

简明扼要地阐述本套复合型教材编制工作的目标，并逐条列出。

2. 说明

编制工作目标应能够反映本项工作的精神和要求，要突出重点，要清晰、明确、可实施，要反映时间节点和任务要求，尽可能有量化的指标，可以进行过程控制和进程检查，能与后续设定的工作实施计划相匹配、相呼应。

3. 建议

建议教材编制组在开展以下活动的基础上确定编制工作目标：

1）学习党和国家的教育方针和政策,了解国内外教育理论和发展动态,进行国内外相关教材的比较研究,把握教材编制整体方向,形成学科教材比较研究报告。

2）开展学校教育教学现状的调查研究,思考本套教材重点需要解决的问题,形成学科教材调研报告。

3）根据教育管理部门关于中小学(幼儿园)教育和教材编制的整体要求,审视教材编制工作的实际情况,根据时间节点,分段制定教材编制的具体工作目标。

4）研究国家关于教育信息化的政策和要求,借鉴国内外关于数字教材探索与实践的经验,了解学校的教育信息化设施环境和一线教学对教育信息化的需求,思考本套复合型教材如何充分发挥信息技术在教学中的作用,明确复合型教材编制工作的核心任务。

二、复合型教材编制工作的原则

复合型教材编制工作的原则,是在教材编制过程中需要遵循的重要工作标准。设定编制工作原则,有利于对应相关工作目标,采取有利于目标达成和工作开展的方法和措施,以保证编制工作的顺利推进。

1. 要求

简明扼要地阐述本套复合型教材编制工作中遵循的主要原则。

2. 说明

编制工作原则应具有针对性,要重点反映本套教材编制工作中需要解决的问题、采取的规范性措施,尤其应注意复合型教材与纸质教材编制原则的异同。

3. 建议

建议教材编制组从本套教材编制工作实际出发,呼应教材编制工作目标,突出重点,切中要害,阐明要点,如"整体思考的原则""突显复合型教材特色的原则""科学配置数字资源的原则"等。

三、复合型教材编制工作的实施计划

教材编制组为完成设定的总目标,需具体明确要做什么、怎么做及何时做,规定细致、具体、量化的工作要求和时间节点。制订实施计划,将工作总目标进行分解、细化,有利于分阶段、分步骤落实,有利于过程监控和管理,有利于最终实现目标。

1. 要求

具体列出本套教材编制工作的实施计划,可以以文字阐述呈现,也可以用表格形式呈现。

2. 说明

实施计划应根据复合型教材编制工作目标和原则,具体、详细地列出相关工作的任务、要求、完成时间、采取的方法等内容,其中应包含分阶段和分工的任务与要求。

3. 建议

教材编制组可按照教育管理部门关于教材编制工作的整体计划,确定具体任务和要求,并从相关工作的人员分工与配合、落实方法、时间安排等方面进行设计和规划,确定教材编制工作的具体实施计划。

四、复合型教材编制人员信息

教材编制组的人员组成和结构,关系到教材的编制质量以及编制工作的开展。不同层面的编制人员个人背景、经历或从事研究的领域、角度不同,因此教材编制组应集合不同领域专家的优势,最大限度发挥各自的长处。复合型教材编制组更需要主编、编写人员、责任编辑和技术负责人员等紧密配合,充分发挥以数字形式呈现教材内容的作用。提供教材编制组人员组成的信息,是教材编制组和主编合理选择、安排人员的必要工作,也是专家评审教材的参考之一。

1. 要求

以表格形式呈现复合型教材编制组人员的信息,复合型教材的编制组人员也应包含技术负责人员信息,参见表2.1。

表2.1　教材编制组人员信息表(可根据人数添加)

教材名称:_____　　　　教材出版单位:_____

姓　名		出生年月		政治面貌	
性　别		民　族		职务职称	
工作单位				学科背景或研究方向	
主要成绩简介					
承担教材修改的具体任务					

主编签字:

×××出版社(公章):

日期:

2. 说明

教材编制组的组成必须考虑一定的结构,编写人员应由高校教授、学校一线教师、区教研员等在该学科领域和教育教学方面有深入研究的专家组成。同时,鉴于复合型教材的特点,编制组需要设技术负责人员。按照中华人民共和国教育部的相关规定[1],教材编制组成员,包括主编、编写人员和承担教材编制的出版社责任编辑、技术负责人员应经所在单位党组织审核同意,并由编写单位集中向社会公示。编写人员应具备以下条件:

1）政治立场坚定,拥护中国共产党,热爱社会主义,自觉践行社会主义核心价值观。

2）准确理解和把握课程方案和学科课程标准,熟悉中小学教育教学规律和学生身心发展特点,对本学科有比较深入的研究,有十年及以上教学、教研或科研经验。一般应有高级专业技术职务或特级教师称号。

3）有良好社会形象,未出现过违法违纪情形。

4）有足够时间和精力从事教材编写修订工作。

5）其中主编应具有中华人民共和国国籍,具有高级专业技术职务,在本学科有深入研究和较高造诣,有20年及以上教学、教研或科研经验,有课程教材或相关学科教学方面的研究成果,有相关教材编写经验。

国家机关工作人员和国家课程教材审查专家不得参与教材编写。同一编者不能同时参与同一学科不同版本教材编写。

五、复合型教材的总体构想

（一）教材对课程理念的体现

教材作为课程改革的显性化载体,应与国家课程改革的精神保持一致。教材编制要以《课程方案》和《课程标准》为依据,体现改革要求,反映课程理念,突显学科核心素养的培养,保证课程改革目标的传达与落实。

1. 要求

以文字或表格形式简述教材对课程理念的体现,尤其要反映教材在德育方面的落实情况,参见表2.2。

---

[1] 此处的具体规定出自中华人民共和国教育部颁布的《中小学国家课程教材编写审定服务指南》。

表2.2 教材各单元呈现要素对课程理念要点的体现

单元名称：_____

各要素对课程理念要点的体现					
课程理念要点	陈述内容	活动内容	栏目内容	例题作业	数字资源内容
1.					
2.					
3.					
……					

2. 说明

学科《课程标准》反映了《课程方案》的理念要点，教材编制组应提炼整套教材中的陈述内容、活动内容、栏目内容、例题作业、数字资源内容等要素对《课程标准》中课程理念要点的体现，通过文字简述形式呈现教材对课程理念的理解和落实。

教材编制组完成上述梳理分析后，还需要在教材编制过程中，汇总分析整套教材相关要素与课程理念的关联程度，进行自我检测。

3. 建议

教材对课程理念的体现建议关注以下方面：

1）教材编制应以《课程方案》《课程标准》呈现的课程理念为依据，简要说明本套教材是如何体现和落实课程理念的。

2）逐条梳理教材中陈述内容、活动内容、栏目内容、例题作业和数字资源内容对课程理念的体现和落实。

（二）教材特色的设计

教材特色反映的是教材编制者的创新性，其主要表现是在教材的品种体系、呈现形式、框架结构、内容组织、体例编排、数字资源等方面区别于其他教材的特点，它是一套教材的生命和价值所在。教材编制者必须从教育理论到教学实践，从学科特点到认知规律，从内容组织到呈现方式，从教学结构到课堂实施等多个角度，思考所编教材与同类教材的不同之处，突显所编教材的价值，并对学科教学起到引导作用。

1. 要求

简要阐述本套教材的特色，并用教材中的案例加以说明。

2. 说明

1）教材特色的设计应建立在对教育教学规律及相关学习领域深入分析的基础上，建立在对课程改革和课程理念正确理解的基础上，体现本套教材所具有的独特价值和功能。

2）每一条教材特色都应有相应的说明，即必须用适量文字阐述教材如何体现和落实该特色，并用案例、示意图或其他合适的方式作进一步解释。

3）阐述教材特色不需要面面俱到，但必须在对相关问题全面思考的基础上，归纳提炼出若干条最能体现本套教材样貌、最具代表性的特点。

3. 建议

提炼教材特色，建议关注以下几个方面：

1）教材编制时所遵循的教育思想、教育理论和学科建设思想。

2）教材在整体呈现上突显的特点。

3）教材在指导教学设计方面所倡导的教学思想，在学科教学结构方面所体现的特点。

4）教材在结构体系方面呈现的特点。

5）教材在体例编排、栏目设计方面呈现的特点。

6）教材在内容选编方面呈现的特点。

7）教材在数字资源配置方面呈现的特点。

8）教材在图文排版设计、热点标识方面呈现的特点。

9）教材在针对适用对象方面所作的特别思考。

4. 示例

高中《物理》整套教材特色的设计[1]

高中《物理》教材以"情境—探究—巩固—应用"为编写主线，采用问题式引导，设计促进学生自主学习的栏目，设置学习包，尝试带着任务开展学习，开发数字资源以及选编新颖练习题等。本教材从内容选择、呈现方式到体例编排等方面推动学习方式的转变，强调学生自主科学探究。具体为：

一、情境—探究—巩固—应用，学习主线明晰，通过体验或探究获得新知

"情境—探究—巩固—应用"是本教材设计的一条学习主线。教材力图通过情境创设将学习者引导入课；通过体验与探究过程掌握概念和规律；通过联系生活、联系社会的实际应用来巩固知识、培养能力，有的是一个故事（如"势如破竹""泗水拔鼎"），有的是一个有趣的小制作、小实验（制作水火箭、热气球）等，这些都是情境，为学生的进一步学习探究创设了很好的氛围。本教材不仅每一章贯穿这条主线，而且力图在每一节，甚至每一个知识点上都努力践行这一思想。

通过自主探究引导，让学生经历科学探究过程，同时帮助学生成为学习中的主体，培养科学精神。通过应用，可以巩固所学知识、检验学习水平、培养解决实际问题的能

---

[1] 本节示例除特别标注的以外，均出自各学科复合型教材样章的《编制方案》。

力、体现知识的社会价值，能较好地融入德育教育。

二、体现自主学习，重视科学探究

本教材强调引导学生通过自主探究过程形成物理观念，构建物理概念，认识物理规律。

1. 重视科学探究

本教材中明确提出11个重点探究活动，如牛顿第二定律、气体压强与体积的关系、感应电流产生的条件等。有的按科学探究要素进行探究，有的涉及部分科学探究要素进行探究。

2. 设置学习包

为了更大程度地强调学生学习的自主性、探究性、合作性，提倡"基于问题、基于项目、基于案例"的学习方式，本教材设计了四个"学习包"。所谓学习包，就是围绕某一特定内容，结合学生经验所构成的相对完整的探究式学习单元。其基本学习过程是：学生组成小组，在教师指导下根据课题任务提出系列性问题；然后通过自学、查找资料、讨论、探究和实验，学习物理知识，解决问题，最后进行总结、交流、评价。

3. 发挥栏目作用

为体现自主学习，本教材还设置了特定的栏目，如"大家谈""自主活动""点击"等，以及供学生自主阅读的栏目如"STS""历史回眸""拓展联想"等。

三、整合信息技术，丰富学习经历

1. 创建数字化信息系统（DIS）实验平台

为了贴近时代，发挥信息技术的作用，本教材在学生实验和演示实验中引入了DIS平台。该实验系统由传感器、数字采集器和计算机组成。本教材中DIS学生实验有6个，其中力学4个，热力学1个，电学1个，占实验总数的50%。演示实验中也有多个实验运用了DIS技术。

2. 开发数字资源

通过图像、音频、视频、3D模型、模拟交互等手段，在有限的时间和空间里展示微观和宏观领域，实现教材知识的立体分层、教学活动的动态交互、学习过程的脚手架支持，进一步丰富教材的内容。本教材数字资源的编制关注核心概念，加深知识理解，如通过3D模型立体化展示核心概念"右手定则"的应用，便于学生直观形象地获得磁感线方向、电流方向与手掌位置的关系；丰富学习经历，提高综合能力，如设计虚拟实验——探究感应电流的方向与哪些因素有关，学生可通过自己操作连线、交换磁极方向、移动导体等进行实验，观察灵敏电流计探究感应电流方向，收获新知；拓展学习内容，拓宽学生视野，如将视频、图片、文本等资料集合成数字形式，用信息技术以补充纸质教材限于篇幅而不能扩展的知识内容，突显了物理学科复合型教材的特点。

（三）教材品种体系的设计

　　一套教材由一个或多个教材品种组成，如学生用课本、练习部分、图册、数字资源（除教材本身配置的数字资源以外的）、教师用教学参考资料等。根据教材编制和使用需要，组合具有内在联系的多个教材品种，建成教材品种体系。在教材开发和编制环节，对教材品种进行设计和思考，可以对全套教材有一个整体构想，对学生的学习过程，对教师的教学实施，以及对教材的制作与使用的可行性作细致地思考。

　　1. 要求

　　以表格形式呈现本套教材包含的品种名称、数量、作用以及涉及的相关内容和品种之间的关系。

表2.3　教材包含的品种及其关系设计表

品种名称	数　量		作用/特点	容　量
	附件名称	数　量	作用/特点	容　量
品种名称	数　量		作用/特点	容　量
	附件名称	数　量	作用/特点	容　量
各品种之间的关系				

　　2. 说明

　　1）品种：全套教材中，有单独准用号的教材为一个品种，如课本、教学参考资料等；不具有单独准用号的配套材料，作为教材品种的附件，如纸质材料、数字资源等。

　　2）数量：全套教材中，按组成的品种或附件进行数量统计，如课本若干册、教学参考资料若干册、练习部分若干册等。

　　3）作用/特点：说明编制该品种和配套材料的理由，即在全套教材中所起的独特作用；反映相关品种设计编制的主要特点。除了课本、教学参考资料，具体说明其他品种和配套材料的作用、特有的价值以及相互关系。

4）容量：全套教材中的学生使用品种须注明使用时间或存储介质的容量单位，使用时间以课时或分钟计算。

3. 建议

阐述教材的品种体系建议注意以下几方面：

1）教材品种的设计需要从符合课程改革要求、课程理念以及教育教学实际情况进行思考，应有助于促进学生的思维和能力的发展。

2）全套教材品种形成的体系应注意科学合理，教材编制组要调研和反思已有学习材料在教学实践过程中的科学性和可操作性，并根据收集到的信息加以设计。

3）全套教材包含的品种应充分考虑复合型教材的特点，根据学生学习需要设计不同形式的数字资源类型。

4）教材容量的设计要符合学生的认知和心理发展特点，要符合学生的学习需求，不应增加学生的课业负担。

4. 示例

表2.4　高中《地理》教材包含的品种及其关系设计表

品种名称	数　量	作用/特点	容量
课本	2	课本是教材的基本组成部分，为学生学习、教师教学提供文字、地图、图表、阅读材料等基本的素材，呈现地理教学的基本内容、活动要求和学习提示等。	72课时

品种名称	数　量	作用/特点	容量
地理图册	2	地理图册配套课本编制，辅助课堂教学，给学生提供丰富的地理信息，提高对知识、理论的理解并增强读图、用图的能力。	10课时

品种名称	数　量	作用/特点	容量
练习部分	2	练习部分与课本紧密密切，让学生巩固所学的知识，将知识和理论活学活用，培养学生的理解能力。	20课时

品种名称	数　量		作用/特点	容量
教学参考资料	2		教学参考资料是对教材编写的说明，对课本知识和理论的深入诠释和拓展，剖析课本的重点难点，提供教学建议，供教师备课参考。	/
	附件名称	数量	作用/特点	容量
	数字资源	2	以动画和视频为主，对理解地理过程有不可替代的作用，可以提高学生的学习兴趣。	1 200 MB

（续表）

各品种之间的关系
地理课本、练习部分、图册、教学参考资料和数字资源等品种共同构成本套地理教材。地理课本是地理教材的主要组成部分，为学生学习、教师教学提供文字、地图、图表、阅读材料等基本的素材，呈现地理教学的基本内容、活动要求和学习提示等。练习部分用于巩固课堂教学的知识和理论，但不是对课本知识的简单重复，而是将知识和理论活化，培养学生理解能力，可根据教学需要，课内、课外相结合，对应课本完成相关内容的练习。图册主要是地图、解析性图表，配以一定数量的图片，用以辅助教学，为学生提供更丰富的地理信息，提高对知识、理论的理解并增强读图、用图的能力。教学参考资料是对教材编写的说明，深入诠释课本知识、理论并拓展相关知识，剖析课本的重点、难点，提供教学建议，供教师备课参考。数字资源采用动画、视频等多种方式展示地理现象生成过程及原理，使抽象的知识、原理形象化，帮助教师教学，加深学生对知识理论的理解。

六、复合型教材目标的落实

教材应关注"立德树人"教育理念，促进学生的全面发展，符合时代进步的需要；教材的编制应全面、整体地思考和分析课程目标和学科核心素养，并在教材具体内容中予以传递和落实。

1. 要求

以文字阐述本套教材如何落实《课程标准》中的相关课程目标和学科核心素养。以表格列出教材某一单元如何通过具体目标落实课程目标和学科核心素养。

表2.5　某一单元具体目标对课程目标的落实设计表

单元名称：_____

课程目标（核心素养）	单元具体目标

2. 说明

教材编制组应根据学科《课程标准》中课程目标的阶段目标，梳理教材各单元体现课程目标和核心素养的具体要求，通过表格建立与课程目标和核心素养之间的关联，反映和细化《课程标准》的目标要求。

教材编制组通过上述表格的梳理后，还需要汇总分析各单元具体目标对《课程标准》中的课程目标与核心素养的关联程度，自我检测教材与《课程标准》目标的关联度。

3. 建议

教材对《课程标准》中课程目标的落实建议关注以下几方面：

1）依据学科《课程标准》阶段目标，梳理教材每个单元的具体目标，建立与课程目标和核心素养的关联。

2）学科核心素养是学科育人价值的集中体现，教材编制组应认真学习《课程标准》对学科核心素养的描述和水平划分，确定在教材编制中传递和落实的具体方案。

3）教材编制要对核心素养的各要素如基础要素、价值取向、心智特征、发展条件等逐一落实。

4）教材要构建与课程目标一致的课程内容，引导与课程目标一致的教学方式。

七、复合型教材对教学结构的体现

教学结构是在一定的教育思想、教学理论和学习理论指导下，在某种环境中展开的教学活动进程的稳定结构形式，是教学系统四个组成要素（教师、学生、教学内容和教学媒体）相互联系、相互作用的具体体现。以知识内容教授为主的基本教学结构主要由"创设情境、引入问题""组织活动、激发思维""联系知识、明确本质""运用概念、解决问题"几个环节组成。

教材对教学结构的体现是教材对所选取的内容素材有意识地组织与设计，通过学生的各种学习活动，在学生获得概念结论的同时，也向其传递形成这一结论的思想方法，建构内在的逻辑关联，揭示学科的本质内涵，体现学科的核心素养和育人价值。

教材对教学结构的体现，对学生来说，是包含知识技能、学习方法、情感态度等方面逐步深化的认知过程；对教师来说，是引导教师设计课堂教学的重要依据。在教学结构的引导下进行复合型教材的编制，将使这种结合建立在教学的实际应用上。

1. 要求

以文字阐述本套教材体现教学结构的思路，并以某一单元为例用表格说明教材如何体现教学结构的几个环节，以何种形式体现。

表2.6　某一单元对教学结构的体现

教学结构环节	表 现 形 式	单元举例说明
创设情境、引入问题		
组织活动、激发思维		
联系知识、明确本质		
运用概念、解决问题		

2．说明

1）根据不同学科教材的呈现形式，"单元"也可以"章节""主题""专题"等表示。

2）本书第二章第三节"基本教学结构的研究"是教材体现教学结构的依据，其中的基本教学结构是目前以知识内容教授为主的各学科教学结构的提炼，本书附录3—7的学科教学结构样例是基本教学结构在各学科的具体落实。

3）根据"基本教学结构的研究"，各学科教材可以不拘泥于基本教学结构的四个环节；可根据学科特点、内容要求、学生实际等设计和组织教学内容，以达成应有的培养目标。如：从思维方式培养角度切入的教学中，其教学结构可分为"探究—归纳""演绎—验证""掌握—运用""问题—解决"；"项目式学习"的教学结构则可以由"梳理项目任务边界""设计方案解决问题""检测验证评价方案""反思研究调整方案"几个环节构成。

4）表现形式：既要关注教师的引导，也要关注学生的生成，可以是实验、提问、思考、讨论、作业、练习等形式。

5）单元举例说明：以样章为例，具体说明在样章中如何体现教学结构的各个环节。

3．建议

1）教材编制组要深入研究教学结构，深入研究教材的教学性与学科教学结构之间的联系和差异，充分论证教材落实学科教学结构的可行性和可应用的方法，调研和试验教材对教学结构的体现方式及对教师、学生和课堂教学的影响，最终确定教材体现学科教学结构的基本思路和实施方案。

2）教材对教学结构的体现，应综合考虑和紧密呼应课程理念、教学目标、学生认知规律以及教学资源等因素。

3）教材对教学结构的体现，要突出"学生为中心，教师为主导"的原则，重视知识的形成过程和学生思维品质的提升。

4．示例

高中《英语》(牛津上海版)(高二年级第一学期)
Unit 3 Trends 单元体现教学结构的说明

本样章充分体现"英语学科核心素养指向"的教学结构。一方面，教材在单元整体设计上体现了教学结构的基本环节。阅读、听力板块主要是语言输入，对应"组织活动、激发思维"的环节，语法板块对应"联系知识、明确本质"的环节，而口语和写作是语言输出，对应"运用概念、解决问题"的环节。在设计上，阅读、语法、听力板块为口语和写作板块做了语言知识、语篇知识、话题意义、话题语汇等的语言输入铺垫，从而促成有效的输出，使学生较好地完成口语和写作任务。

另一方面，英语学习的不同范畴，如语音、词汇、语法、阅读、听力、口语、写作等，由于其不同教学内容和特点而形成相应的教学结构。某个范畴学习内容(一般以板块呈现)指向某项语言能力培养。教材的阅读、语法、听力、口语、写作和拓展阅读板块都体现了教学结构四个基本环节。在设计样章时,编者对原有的教材内容进行了梳理,将各板块教学活动与教学结构的环节对应。如不能充分体现或未体现,则进行修改或补充。同时,为了更明确地区分不同环节,对各板块进行了栏目的划分。以阅读板块为例,原有教材中"运用概念、解决问题"这一环节体现不明显,在设计样章时,补充了对应这一环节的读后活动,让学生就阅读语篇的话题阐述自己的观点,从而进一步理解"时尚的意义和重要性"这一主题,并帮助学生形成正确的价值观。以下用教材中的阅读板块来说明英语学科教材如何体现教学结构,示例中教学结构的基本环节不是在一堂课中体现的,而是在阅读这个能力指向范畴中的体现,用以指导教材的编制。

阅读主题语境:时尚

阅读语篇类型:演讲稿

阅读语篇简介:演讲稿阐述了演讲者对时尚的理解。她认为时尚很重要,对个人、商业、自然环境都产生了很大影响,同时她也认为人生中有比时尚更重要的东西,比如帮助他人。

表2.7　Unit 3 Trends 单元体现教学结构的说明

教学结构环节	表现形式	单元举例说明
创设情境、引入问题	让学生观看与阅读文本主题相关的视频、图片,听音频或阅读文本资料,设计与之相关问答、讨论等活动。活动可以围绕阅读文本中的某个关键人物、事件、观点等来设计。导入材料的选取和问题的设计要依据学生的认知和经验,对学生来说有一定的熟悉度,但也要使学生保持一定的陌生感。	**教材中呈现的教学内容:** 1. 短片:What is fashion to you? 2. 问答和讨论活动 (说明:呈现 What is fashion to you? 的短片,让学生了解短片中不同人对时尚的看法,然后谈论自己对时尚的看法以及生活中时尚的人、物、事。)
组织活动、激发思维	1. 呈现阅读文本,设计选择、问答等活动引导学生运用已有的知识和能力预测和推断阅读语篇的关键点。学生在预测中产生的疑问可以作为之后学习的切入点。学生预测的内容在之后的学习过程中可得到逐步的验证。 2. 呈现阅读文本,通过有层次的阅读理解活动,让学生获取和梳理阅读语篇的信息,验证对阅读文本的预测,理解阅读主题的意义。 3. 通过观察、比较,理解文本中的词汇意义和语法的表意功能,启发学生运用思维导图等方式把握语篇内涵,提升阅读能力。	**教材中呈现的教学内容:** 1. 阅读文本 2. 问答活动 (说明:让学生阅读文本的标题、介绍、首尾段、每段首句,并观察图片,口头预测阅读语篇的体裁、主题等。) 3. 阅读理解活动 (说明:让学生完成有关阅读文本信息的思维导图或表格来理解阅读文本的内容。)

（续表）

教学结构环节	表 现 形 式	单元举例说明
联系知识、明确本质	1. 系统梳理、归纳阅读策略,可包括运用某种阅读方法,分析和归纳某类语篇的结构、文体特征、语言特征,思辨地看待阅读文本的内容等等。 2. 通过让学生观察例文、例句、例词,自主探索发现和归纳语法规则、构词法等语言规律,并能够举一反三,明确语言知识的本质特征。	教材中呈现的教学内容: 1. 阅读策略 (说明:呈现 Understanding an opinion paragraph 的阅读策略,让学生了解表达观点的段落的一般结构。) 2. 阅读理解活动 (说明:通过问答让学生了解语篇中的关键信息。) 3. 掌握构词法的活动 (说明:呈现阅读语篇中两组带兼类词的例句,让学生发现兼类词的特点,然后再寻找语篇中更多的兼类词,说出它们的含义和词性,并造句。)
运用概念、解决问题	通过创设真实情境和任务让学生运用在学习过程中获得的语言知识和语言技能进行口头或书面表达。比如让学生开展讨论、调查、阐述观点、撰写报告等等。	教材中呈现的教学内容: 讨论和口头表达活动 (说明:提炼阅读语篇中演讲者针对时尚的三个观点,让学生思考、讨论和表达自己对这三个观点的看法。)

八、复合型教材内容的设计

（一）教材结构体系的设计

　　教材的结构体系是指教材各部分内容之间的组织架构和内在联系,是支撑整套教材的骨架,反映了教材编制者对《课程标准》的理解和落实,反映了他们的编写思想和设计思路。体现了学科目标和特征,体现了教育理念和教学方法。教材结构体系的设计要在充分考虑学科教学结构的前提下进行。

　　1. 要求

　　以结构图表或文字阐述,或两者结合的形式直观地呈现教材的结构体系,同时列出全套教材的目录。

　　2. 说明

　　阐述本套教材的结构体系,即教材是以什么为主线,以什么方式编排内容,整套教材和各单册教材的架构如何,并对其特点加以分析。

　　3. 建议

　　阐述或图示教材结构体系建议关注以下几方面:

1）根据学科特点，清晰完整地呈现整套教材结构体系。

2）根据学生的认知发展规律，从易到难、循序渐进地构建教材结构体系。

3）反映整套教材的编写思路和逻辑关系。教材主线和内在逻辑关系应简单明了、脉络清晰。

4）符合学科《课程标准》的理念、目标、内容与要求。

5）反映先进的学科理论和学科教学理论。

6）若所设计的教材结构体系与学科教学结构密切相关，则应将其关联性阐述清楚。

4. 示例

小学《英语》教材[1]结构体系（全套教材目录略）

本套教材采用"模块建筑式"编写体系，以"模块（主题）—单元（话题）"为架构，以话题为主线。模块内的语言材料围绕一个主题展开；各模块包含若干单元，每个单元集中讨论该主题下的一个具体话题，并围绕这一话题呈现一系列学习任务，如语言知识（语法、词汇等）、语言技能（听、说、读、写）活动/任务，以及语言运用等。教材各模块之间互相补充、互相配合，保证语言知识和语言技能螺旋式上升；同一模块主题在不同年级循环出现，保证教学内容复现和循环。

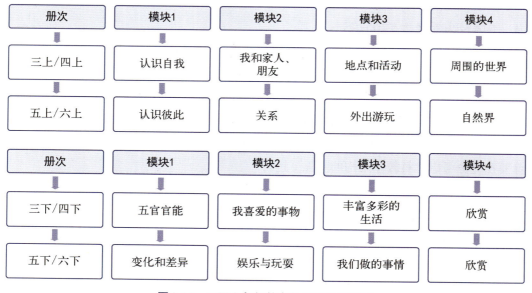

图2.14　三至六年级整套教材架构示意图

[1] 本套小学《英语》教材是指张春柏、施嘉平主编的《义务教育教科书　英语（三年级起点）》三至六年级，由上海教育出版社出版。

高中《数学》[1]整套教材结构体系说明

高中《数学》课本的总体结构体系是按照《课程标准》的要求，把所有学生共同需要的数学基础知识，按其所属的知识领域，分为"数与运算""方程与代数""函数与分析""图形与几何""数据整理与概率统计"等五个部分。每部分内容分为若干个主题，形成序列；各部分内容既自成体系，又相互联系、穿插渗透，组合成一个有机的整体(见图2.15)。例如，"方程与代数"这一部分又分为"集合与命题""不等式""算法初步""矩阵与行列式初步""数列与数学归纳法"等五个主题。每个主题即为教材的一个单元，其下又分为若干个知识内容，每个知识内容即为教材的一个小节(见图2.16)。

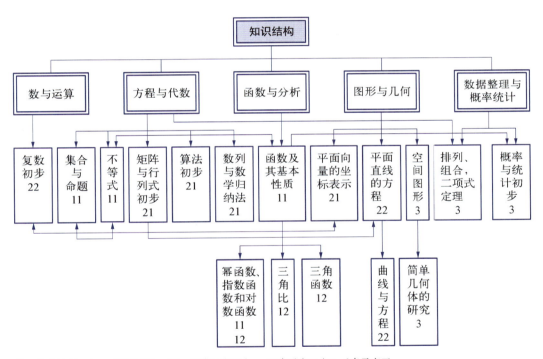

注：11表示高一/一；12表示高一/二；21表示高二/一；22表示高二/二；3表示高三

图2.15 高中《数学》整套教材结构体系图

---

[1] 本套高中《数学》教材是指上海现行高中数学基础型课程《高级中学 数学》(高中一年级至高中三年级课本)，由上海教育出版社出版。

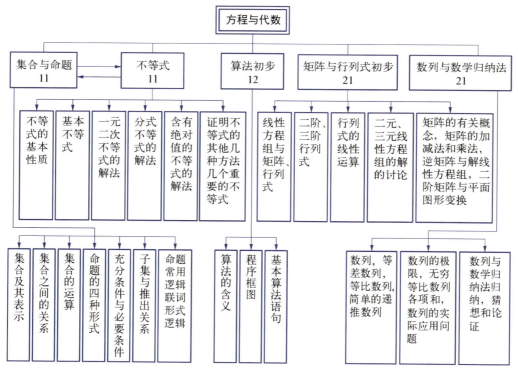

图2.16　高中《数学》整套教材"方程与代数"结构图

（二）教材基本体例的设计

教材的体例指教材基本的编写单位（如单元）的编写格式和组织形式。复合型教材的体例包括纸质教材及其附加的数字资源的整体体例。教材体例反映了教材的设计思路、栏目构成、层次关系等。教材在启动全面编制时应先制定统一的体例要求，呈现标准的样章体例，以使整套教材风格一致、格式统一。

1. 要求

以结构图表的形式呈现教材的基本体例，可适当用文字说明其内部构成和顺序关系，如教材的基本体例与学科教学结构有关联，应具体说明其关联性。

2. 说明

根据学科和教材的特点，阐述本套教材的基本体例，包括教材单元的主要构成要素、前后顺序、层次关系以及呈现的格式要求等，并对其特点加以分析说明。

3. 建议

教材基本体例的设计建议关注以下几方面：

1）呈现的结构图表应根据学科特点清晰反映教材内部的体例。

2）核心板块、辅助（拓展）板块、探究或活动（实验）板块等应主次分明，重点突出；

各板块为教材落实课程目标承担不同的作用,分工明确,且应互相呼应和衔接。

3）教材的体例应基本统一,核心栏目相对固定。教材样章的体例应作为整套教材的样本,起到模板和示范作用。

4. 示例

高中《数学》教材体例设计说明

本套教材按照基础型课程的五个部分(数与运算、方程与代数、函数与分析、图形与几何、数据整理与概率统计)对内容进行组织和编排,共18章。

基本的体例设计为:章(单元)—节1.1—课时1.1(1),以课时为基本单位。每一章由若干个节(如1.1、1.2……)和"章首语""阅读提示""拓展活动""阅读材料""章末小结"等栏目构成。而每节内容又由若干课时[如1.1(1)、1.1(2)……]内容组成,其中每个课时由"课前想一想""问题情境""概念、性质与定理""例题"(包含例题讲解、例题示范、备选例题等子栏目)、"练习"(包含课堂练习、备选习题等子栏目)、"课后想一想""教学反馈"等栏目组成(见图2.17)。其中,"概念、性质与定理"为核心栏目,

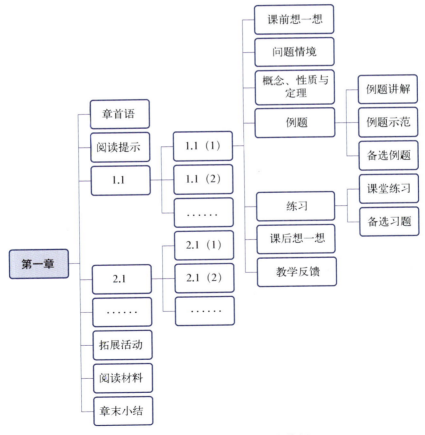

图2.17　高中《数学》教材基本体例

"课前想一想""问题情境"两个栏目是为核心栏目的引出作铺垫，"例题"和"练习"两个栏目围绕着核心栏目的内容展开，提供必要的解读和训练，而"课后想一想"和"教学反馈"等都是对核心栏目内容的检测和反馈（见表2.8）。

表2.8 高中《数学》教材栏目说明

栏　目	设　计　说　明	教学结构环节
课前想一想	以"课前想一想"的数字资源栏目形式提出问题。	创设情境、引入问题
问题情境	创设实际问题情境，通过问题串激发学生的学习兴趣，引出学习主题。例如，样章中以动画的形式呈现"细胞分裂的过程——某种细胞分裂时，由1个分裂成2个，2个分裂成4个，……"，以问题串"n个分裂成多少个？""1个这样的细胞分裂x次后，得到的细胞个数y与x的函数关系的解析式是什么？"串起新旧知识，引发学生的学习兴趣，从而切入本单元的学习主题——指数函数的相关概念。	
概念、性质与定理	在引出本章学习的主题后，围绕着主题，通过看、听、讲、做等方式积极经历观察、猜想、归纳、抽象、推理、分析、演绎、建模、概括等自主探究和合作交流的过程，运用各种数学思想方法，积累基本活动经验，提升数学能力。例如，在问题引入后自然地呈现指数函数的概念，并围绕着指数函数的概念，通过对其定义域的探究过程和通过2的$\sqrt{2}$次方是什么的阅读材料，让学生对数系的扩充过程有初步的认识，让学生经历了指数拓展的过程。	组织活动、激发思维
例题（例题讲解、例题示范、备选例题）	以例题的方式，体现其示范引领、运用新知、巩固概念等作用。例如，样章的例1"根据下列问题，研究函数$y=2^x$，$y=3^x$……"中动态地呈现描点法画图的过程，并通过图像的观察，得到指数函数的基本性质。	联系知识、明确本质
练习（课堂练习、备选习题）	通过习题设计，考查和检测学生对学习内容的掌握情况。例如，样章中，通过课堂练习和课堂教学即时反馈的测试题，考查学生对指数函数的概念的运用和解决问题的能力。	运用概念、解决问题
课后想一想		
教学反馈		

（三）教材内容对目标的落实

教材各单元主要内容的选编，在强调教材各单元主题结构内在逻辑性的同时，还应呼应课程目标，且充分体现和落实《课程标准》的要求。教材编选的内容应依据《课程标准》对课程目标和学科核心素养的具体要求，根据不同年龄段学生的认知发展水平进行有序编排；教材编选的内容应详略得当，有利于学生的学习。

1. 要求

以文字阐述教材内容的选编如何落实课程目标，并以教材某一单元为例用表格说明教材单元各呈现要素如何达成教材单元目标。

表2.9 教材各单元呈现要素对单元目标的落实

单元名称：_____

单元目标	陈述内容和要求	活动内容和要求[1]	栏目内容和要求	例题作业内容和要求[2]
（1）				
（2）				
……				

注：活动内容、栏目内容、例题作业内容应包含数字资源相关内容。

2. 说明

1）根据不同学科教材的呈现形式，"单元"也可以"章节""主题""专题"等表示。

2）教材编制组在工作中应梳理教材各个单元的相关学习内容与相关要求，体现对该单元目标和核心素养要求的落实。

3）陈述内容指教材中除了活动、栏目和作业以外的其他内容。

4）数字资源应作为教材内容的一个组成部分加以呈现。

5）教材编制组还需要汇总分析各单元相关内容对单元目标的关联和呼应程度，自我检测教材各单元与《课程标准》目标的关联度。

3. 建议

教材内容对教材单元目标的落实建议关注以下几方面：

1）各学科课程目标的具体落实是通过每个单元的各个部分内容加以实现的，教材编制要注意编选的内容及呈现形式与目标要求的呼应和关联，精选内容，剔除不必要或偏离目标、不够典型的材料。

2）逐条梳理教材各个单元中陈述内容、活动内容（含实验）、栏目内容和例题作业的主要内容、要求和呈现形式，将其与单元具体目标对应，以观察和判断其体现和落实程度。

4. 示例

高中《地理》第一册"专题8 大气的组成和垂直分层"的
呈现要素对单元目标落实的说明

教材的内容目标通过文字表达说明主要概念、过程和规律。根据重难点内容配备地图或者示意图和数字资源等内容帮助学生加深知识的理解和运用。优质有效的数字资源能够形象直观地解释地理现象和特点，加深学生感性认识与理性思维。活动的设计

[1] 有实验的学科，增加一列"实验内容和要求"。
[2] 没有例题的学科，仅填写作业。

和拓展阅读栏目内容的选择与教材的内容关系密切。思考与实践的设计密切联系生活，让学生能够运用核心概念进行分析和解决日常问题。如认识大气的垂直分层的内容目标：通过文字描述大气的垂直分层、对流层、平流层的主要特征，配置"大气垂直分层示意图"平面地图、"气温与体温"的栏目阅读、"大气垂直分层"的视频资源，设计了讨论活动、"思考与练习"相关题目，使学生运用概念学会思考，能够分析和解决问题。

表2.10　高中《地理》"专题8 大气的组成和垂直分层"的内容与教材单元目标的对应表

教材专题名称：大气的组成和垂直分层

专题目标	陈述内容和要求	活动内容和要求	栏目内容和要求	作业内容和要求
（1）认识大气的垂直分层，说出对流层、平流层大气运动的主要特点。	大气的垂直分层、对流层、平流层的主要特征 [要求：6.1.2[1] 识记；6.1.5应用]	观看视频"大气垂直分层"，讨论对流层与人类的活动关系的密切程度，总结对流层特点。 [要求：6.1.2识记]	阅读（气温与体感温度） [要求：6.1.5理解]	**思考与实践**　对流层的厚度为什么会存在明显的季节差异和纬度差异？为什么只有对流层才有明显的天气变化？[要求：6.1.3理解]
（2）认识大气圈对地球生命的保护意义，说出对流层大气保持地表热量的基本过程。	大气圈对地球生命的保护 [要求：6.1.4理解]	观看视频，讨论大气的保温作用。 [要求：6.1.5应用]	案例（太空之吻） [要求：6.1.4理解]	**思考与实践**　1.霜冻为什么多出现在冬季半晴的夜间和早晨？[要求：6.1.5分析]　2.月球表面的昼夜温差为什么比地球表面的昼夜温差大？[要求：6.1.4理解]　3.同纬度的青藏高原、四川盆地和长江中下游平原获得的太阳辐射量有很大的差异。试分析，何处太阳辐射量最少，何处最多，为什么？[要求：6.1.5综合]　4.金星的大气浓度是地球的90倍，这会对它的环境产生怎样的影响？[要求：6.1.5应用]

（四）教材内容对核心概念的规划

核心概念是教材中关键的概念性知识，包括重要的概念、原理、定律或规律、关键词、语言知识与技能等。核心概念又是知识体系的中心点，围绕核心概念，可以生成一个"概念群"。它是串起整个学科结构主干的关键，展现了该学科知识框架图景，引领了教材中的所有内容要素，对于落实课程目标具有重要意义。核心概念可以帮助

[1]　表2.10中的"要求"如6.1.2出自《上海市高中地理学科教学基本要求（试验本）》。

教师根据教学实际合理恰当地选择课程内容,优化教学过程;可以帮助学生从事实性记忆转移到可迁移的、深层次的概念性理解,提高对本学科的整体认识,培养和发展思维能力。

1.要求

以表格形式说明整套教材核心概念的名称及前后顺序的关系,并提供一个单元的核心概念在选取和呈现等方面进行的思考。通过标引工具输出核心概念属性表。

表2.11　整套教材的核心概念设计表

整套教材 核心概念总数量	各　分　册	各单元核心概念	核心概念 (按编排顺序)

表2.12　某一单元的核心概念设计表

单元名称	核心概念数量	核心概念(按编排顺序)	呈现方式	涉及的相关概念/知识点

注:呈现方式可从核心概念的引入和强化两方面进行表述。

表2.13　核心概念属性表

属性名称	核心概念
核心概念名称	

（续表）

对应章节	
对应课程总目标	
对应课程阶段目标	
对应教学基本要求	
对应教学结构环节	☐ 创设情境、引入问题　　☐ 组织活动、激发思维 ☐ 联系知识、明确本质　　☐ 运用概念、解决问题
所在栏目属性	☐ 核心学习栏目　　☐ 辅助学习栏目 ☐ 拓展学习栏目　　☐ 训练栏目 ☐ 其他栏目
性　　质	☐ 基础型　　☐ 拓展型　　☐ 开放型

2.说明

1）教材编制组应依据《课程标准》和《教学基本要求》，根据不同学科特点界定"核心概念"的内涵。核心概念可以是知识点、规律、核心技能等。

2）重要的概念不一定都是核心概念，只有对本学科教材内容能够起引领作用、最关键的概念才被认为是核心概念。

3）对于单元核心概念在选取和呈现等方面的思考，可以采用上述表格的形式，也可以采用关系结构图的方式。

4）原则上，核心概念需要从整套教材出发统筹思考。但对于某些学科，如果整套教材提炼核心概念确有困难，则至少应提供一个单元的核心概念整理表。

3.建议

梳理教材的核心概念建议关注以下几方面：

1）从核心概念选取的科学性、合理性、全面性进行统一考量，准确恰当地提炼出本学科教材的核心概念。

2）整体思考核心概念之间、核心概念与其他概念之间的相互关系，以便在具体编制教材时能够把核心概念落到实处。

3）核心概念在教材中的前后编排顺序应遵循循序渐进的原则，符合学生的认知规律和发展水平。

4）核心概念在各分册教材中的分配比例，应该做到相对均衡、数量适中、重点突出。核心概念根据学科特点应有一定程度的复现。

5）具体呈现核心概念时，应该采取有利于学生接受和理解的方式。

4. 示例

表2.14　高中《物理》(高二年级第二学期)"电磁感应　电磁波"单元核心概念设计表

单元名称	核心概念数量	核心概念（按编排顺序）	呈 现 方 式	涉及的相关概念/知识点
电磁感应 电磁波	4	电磁感应现象	创设"电流的磁效应现象"情境，引入科学家对"磁能生电吗"问题的探索过程，然后通过"自主活动"栏目，并用教学视频辅助呈现，得出电磁感应现象的概念。	感应电流，法拉第发现电磁感应现象的过程
		感应电流产生的条件	通过教学视频辅助呈现学生实验"探究感应电流产生的条件"，让学生通过猜想、假设、实验、比较、归纳等过程，得出实验结论。然后用"示例"和"DIS实验 微弱磁通量变化时的感应电流"作为应用实验结论分析实际现象的范例。	探究感应电流产生的条件的实验
		右手定则	从"绳系卫星"引入，通过演示实验，指出闭合回路中部分导体切割磁感线时也产生电磁感应现象。进一步提出问题，用虚拟实验辅助探索感应电流的方向与哪些因素有关。然后通过3D模型展示右手定则，通过"自主活动"加以巩固。最后用"示例"及"大家谈"作为右手定则应用的范例。	导体切割磁感线时的电磁感应现象，磁场，感应电流的方向，导体切割运动
		电磁波的应用	第一阶段：联系初中接触到的电磁波有关的知识，引导学生提出自己感兴趣的有关电磁波的问题；然后提供一些课堂及课外可做的几个小实验，验证和探知电磁波的一些性质；第二阶段：列出6个提纲，供学生展示交流参考；最后用电子书呈现电磁波的应用（北斗卫星导航系统、无人驾驶汽车、物联网应用等）。	电磁场，麦克斯韦电磁场理论的基本思想，法拉第和麦克斯韦的科学贡献

表2.15　高中《历史》(高二年级第一学期)"第二次世界大战"关键知识点整理表

单元名称	关键知识点数量	关键知识点（按编排顺序）	呈 现 方 式	涉及的相关概念/知识点
第二次世界大战	7	纳粹	通过出示纳粹标志或行纳粹礼的图片，结合希特勒的《我的奋斗》，讲述德国纳粹的政治主张、种族政策；根据材料勾勒德国毁约扩军的步骤。	希特勒、德国毁约扩军、德军进驻莱茵非军事区、《反共产国际协定》
		法西斯国家	出示简图或地图，说明20世纪30年代法西斯国家是如何建立的，各自有何特点，帮助学生理解法西斯国家是如何形成"柏林—罗马—东京轴心"的。	法西斯、墨索里尼、军国主义、民族主义

（续表）

单元名称	关键知识点数量	关键知识点（按编排顺序）	呈 现 方 式	涉及的相关概念/知识点
第二次世界大战	7	绥靖政策	结合"知识链接"对绥靖政策的解释，重点以英、法两国的绥靖政策为例，说明其实质是通过妥协退让（牺牲小国利益）以达到避战求和的目的；绥靖政策的顶点是《慕尼黑协定》，结合"名家史论"评析绥靖政策的实质和后果。	"大陆均势"政策、祸水东引、《慕尼黑协定》
		反法西斯联盟	通过教师介绍反法西斯联盟成立的背景，让学生联系《租借法案》《大西洋宪章》等知识，了解反法西斯联盟成立的过程；组织学生讨论《联合国家宣言》的内容，引出反法西斯联盟成立的重要意义。	《租借法案》《大西洋宪章》
		欧洲战场	创设情境，呈现二战纪录片或历史影像资料中某次关键战役的信息，激发学生兴趣；通过列举欧洲战场各大关键战役，引导学生概括东线和西线战场的进程和转折点。	闪击战、静坐战、敦刻尔克大撤退、不列颠之战、巴巴罗萨计划、莫斯科保卫战、斯大林格勒会战
		太平洋战场	展示珍珠港事件相关史料，结合教师的简要说明，帮助学生理解二战进一步扩大的史实和太平洋战场战局扭转对整个二战进程的影响。	珍珠港事件、中途岛海战
		北非战场	教师简述为主，以阿拉曼之战为例说明北非战事与进程。	阿拉曼之战

表2.16　高中《物理》（高二年级第二学期）"电磁感应　电磁波"核心概念属性表

属性名称	核心概念
核心概念名称	感应电流产生的条件
对应章节	第十一章　电磁感应　电磁波　A　电磁感应现象
对应课程总目标	○ 让学生获得必需的物理基础知识和基本技能，初步了解物理学的发展历程。 ○ 经历物理知识的形成过程，感受、认识和运用物理学的基本思想和方法。 ○ 受到科学精神的熏陶，养成良好的学习习惯和科学态度，逐步形成正确的世界观、人生观和价值观。
对应课程阶段目标	○ 理解物理概念，掌握和应用基本的物理规律，表述和解决简单物理问题。 ○ 能根据实验目的，选择实验器材，安排实验步骤，组装调试设备，正确完成操作。 ○ 能主动提出适合探究的问题，设计探究方案，搜集事实和证据，实施研究计划。 ○ 感悟"质疑、求真、创新"等科学精神基本要素；能够注意识别科学与伪科学，懂得科学精神与人文精神是统一的。

（续表）

对应教学 基本要求	11.1.2.1A　知道实验的目的和器材 11.1.2.2B　会利用提供的器材在回路中产生感应电流 11.1.2.3B　能参照实验步骤独立完成相关操作 11.1.2.4B　能适当运用比较、归纳等方法得出感应电流的条件	
对应教学 结构环节	组织活动、激发思维	
所在栏目属性	核心学习栏目	
性　　质	基础型	

（五）教材中学生活动的设计

活动是学生开展学习的主要方式。学生通过活动,既理解和积累知识,又培养解决问题的能力。在开展活动的过程中,学生还可以习得学习方法,激发学习兴趣,获得表达、交流、合作及其他方面的情感体验。教材对学习活动的设计,是教材反映教学特征、体现教学结构的重要方面,是教学活动顺利开展的基本保证。

1. 要求

以文字阐述整套教材活动设计的基本思路以及对于学生能力发展的思考,并以表格形式提供一个单元的活动设计。有实验的学科教材可以在下表基础上调整。另外,填写或以标引工具输出活动或实验属性表。

表2.17　教材某一单元活动设计表

单元名称：＿＿＿＿＿＿＿＿＿＿＿＿＿＿＿＿　　　活动总数：＿＿＿＿＿＿＿＿＿＿＿＿＿＿＿＿

目标对应情况		
活动（编号）	教材活动目标	对应教学基本要求（编号）
活动1		
活动2		
活动3		
……	……	……
活动过程类型（填写活动编号）		数　　量
实践		
表达		
分析		
……		

（续表）

活动类型（填写活动编号）	数　量
课内活动	
课外活动	
活动形式（填写活动编号）	**数　量**
个人活动	
对子活动	
小组活动	
全体活动	
活动时空（填写活动编号）	**数　量**
一般课堂活动	
专用教室活动	
场馆活动	
活动时长	**数　量**
（填写活动编号）	
（填写活动编号）	
……	
活动难易程度（填写活动编号）	**数　量**
容易	
一般	
较难	
难	

表2.18　活动属性表[1]

属性名称	活动
活动名称	
对应章节	

---

[1]　本表格可在标引工具中填写、勾选并输出。

（续表）

对应栏目功能类型	☐核心学习栏目　☐辅助学习栏目　☐拓展学习栏目 ☐训练栏目　　　☐其他栏目
对应课程总目标	
对应课程阶段目标	
对应教学基本要求	
活动目标	
活动场地	☐校内场地：☐教室　☐实验室　☐专用教室 ☐校外场地：☐家庭　☐教育基地　☐社会场所
活动空间	☐课内　☐课外　☐课内外结合
活动参与形式	☐思考　☐讨论交流　☐表达（表演）　☐制作 ☐展示　☐实验实践（可以区分"小型实验"类活动） ☐调研　☐搜集资料　☐撰写报告　☐参观考察　☐其他
活动时长	☐短周期　☐长周期
活动难度	☐容易　☐一般　☐较难　☐难
活动类型	☐学生活动：☐独立活动　　　　☐双人活动 　　　　　　☐小组活动　　　　☐班级大组活动 ☐师生互动：☐教师与单个学生　☐教师与部分学生 　　　　　　☐教师与全体学生 ☐其他
活动性质	☐开放型　☐收敛型　☐其他
任务类型	☐必做　　☐选做
对应教学结构环节	☐创设情境、引入问题　　☐组织活动、激发思维 ☐联系知识、明确本质　　☐运用概念、解决问题
成果形式	☐表演（包括对话）☐产品　☐演讲 ☐海报　☐研究报告　☐其他

表2.19　实验属性表[1]

属性名称	实验
实验名称	
对应章节	
对应栏目功能类型	☐核心学习栏目　☐辅助学习栏目　☐拓展学习栏目 ☐训练栏目　　　☐其他栏目

---

[1] 本表格可在标引工具中填写、勾选并输出。

（续表）

对应课程总目标	
对应课程阶段目标	
对应教学基本要求	
实验目标	
实验场地	校内：□教室　□实验室　□专用教室 校外：□家庭　□教育基地　□社会场所
实验空间	□课内　□课外　□课内外结合
实验时长	□课堂时长　□短（当天）　□多天
实验难度	□容易　□一般　□较难　□难
实验性质	□基础型　□拓展型　□开放型
实验形式	□验证　□探究　□自主　□其他
实验类型	□学生实验：□单独实验　□对子实验　□小组实验 　　　　　　□班级实验　□演示实验
对应教学结构环节	□创设情境、引入问题　　□组织活动、激发思维 □联系知识、明确本质　　□运用概念、解决问题
任务类型	□必做　□选做
实验时间	□课前　□课中　□课后
成果形式	□产品　□演讲　□海报　□研究报告　□其他

2. 说明

1）本要求涉及的活动涵盖教学过程中的实验、实践及其他相关学习活动。

2）从广义角度而言，一切学习过程均是活动。由于广义的活动内涵过于宽泛，此处采用学习活动的狭义解释，即指各种注重学生参与的、由教师引导开展的自我调整、合作、规划、理论思维、认知兴趣、科学的概念体系的活动。

3）按活动目标、活动过程、活动资源、活动时空和活动水平等方面对每个活动进行梳理，并在对每个学习活动属性分析的基础上加以提炼和汇总。

4）对于有实验的学科，实验设计还需要思考实验的可行性、实验对象、实验仪器设备、实验方法和步骤、实验效果、实验结论等要素。

5）教材中活动的设计要在学科教学结构的整体框架下进行，充分考虑教学结构的要求，为教学实施提供活动资源。

3. 建议

阐述教材中学生活动的设计建议关注以下几个方面：

1）依据《课程标准》《教学基本要求》，按照学科教学结构和教材制定的教学目标科学设计学生活动。

2）按照学生的年龄特点和认知规律，联系学生经验与生活实际设计学生活动。

3）提供开展活动的详细步骤和方法，规避可能存在的问题，尤其是安全方面的问题。

4）从可行性和可操作性方面选择活动场所，确定时间安排。有实验的学科要提出对实验仪器设备等的要求。

5）以尽可能少的时间、精力、设施的投入，取得尽可能好的活动效果。

6）合理配置不同类型的活动，活动形式要丰富多样。可根据实际需求使用数字资源。

7）对活动提出具体评价标准。

4. 示例

表2.20　初中《地理》[1]（七年级第一学期）"疆域与行政区划"活动设计表

单元名称：初中地理（七年级第一学期）1.1疆域与行政区划　　　　活动总数：5

目标对应情况		
活动（编号）	教材活动目标	课程标准内容与要求
活动1	通过比较，让学生了解我国优越的地理位置。	学会阅读常用地图的方法。
活动2	了解我国辽阔的国土。	掌握地图的基础知识。
活动3	了解我国绵长的疆界。	学会阅读常用地图的方法。
活动4	采用歌诀、拼图等多种方法熟记我国34个省级行政单位。	学会简单的地理观察和培养动手能力。
活动5	通过查阅资料、实地参观等方式了解我国的省级行政中心。	初步学会搜集地理资料的方法；激发起爱家乡、爱祖国的情感。
活动过程类型（编号）		数　量
实践	活动2,活动3,活动4,活动5	4
表达	活动1	1
分析	活动1	1

[1] 本套初中《地理》教材是指上海市中小学（幼儿园）课程改革委员会编写的《九年义务教育课本　地理　七年级第一学期（试用本）》，2015年由上海教育出版社出版。

（续表）

活动资源（编号）			数　量
资源类型	课内资源	活动1,活动2,活动3	3
	课外资源	活动4,活动5	2
活动时空（编号）			数　量
课堂活动	活动1,活动2,活动3,活动4		4
专用教室活动	/		0
场馆活动	活动5		1
活动时间	活动1（30分钟）,活动2（25分钟）,活动3（20分钟）,活动4（45分钟）,活动5（45分钟）		
活动难易程度（编号）			数　量
难	/		0
较难	活动5		1
一般	活动1,活动4		2
低	活动2,活动3		2

表2.21　高中《英语》（牛津上海版）（高二年级第一学期）Trends活动属性表

属性名称	活动
名　称	Reading C　Read to learn　C2 Vocabulary building
对应章节	Unit 3 Trends　Reading C　Read to learn
所在栏目属性	核心学习栏目
对应课程总目标	○ 持久的学习积极性,良好的学习习惯,学好英语的自信心。 ○ 较为熟练的语言技能,比较丰富的语言知识,学习过程的体验,良好的英语交际能力。
对应课程阶段目标	○ 能适应真实的语言环境,具备生活、学习和工作所需的基本语言能力。 ○ 具有较好的自主学习能力。 ○ 具有评价自己学习效果、总结有效学习方法的能力。
对应教学基本要求	2.2.3B.1B 根据单词转化的规律正确分析词性与词义
活动目标	能够通过观察例句,自主探索发现和归纳兼类词的规律,并能够举一反三,明确兼类词的本质特征,并运用兼类词。
活动场地	教室

（续表）

空　　间	课内
活动参与形式	思考 讨论交流
时　　长	短周期
难　　度	一般
活动类型	独立活动 小组活动 班级大组活动 教师与全体学生
活动性质	其他
任务类型	必做
对应教学结构环节	联系知识、明确本质
成果形式	其他

表2.22　高中《物理》(高二年级第二学期)"电磁感应　电磁波"实验属性表

属性名称	实验
实验名称	探究感应电流产生的条件
对应章节	第十一章　电磁感应　电磁波　A　电磁感应现象
对应栏目功能类型	核心学习栏目
对应课程总目标	○ 让学生获得必需的物理基础知识和基本技能,初步了解物理学的发展历程。 ○ 经历物理知识的形成过程,感受、认识和运用物理学的基本思想和基本方法。 ○ 受到科学精神的熏陶,养成良好的学习习惯和科学态度,逐步形成正确的世界观、人生观和价值观。
对应课程阶段目标	○ 能根据实验目的,选择实验器材,合理安排实验步骤,组装和调试实验设备,正确完成操作。 ○ 能主动提出适合探究的问题,设计探究方案,搜集事实和证据,实施研究计划。 ○ 感悟质疑、求真、创新等科学精神的基本要素;能够注意识别科学与伪科学,懂得科学精神与人文精神是统一的。
对应教学基本要求	11.1.2.1A　知道实验目的和器材。 11.1.2.2B　会利用提供的器材在回路中产生感应电流。 11.1.2.3B　能参照实验步骤独立完成相关操作。 11.1.2.4B　能适当运用比较、归纳等方法得出感应电流的条件。
实验目标	通过探究感应电流产生的条件,感受运用猜想、假设、实验、比较、归纳等科学研究方法。

（续表）

实验场地	实验室
空　间	课内
实验时长	课堂时长
实验难度	一般
实验性质	基础型
实验形式	探究
实验类型	小组实验
对应教学结构环节	组织活动、激发思维
任务类型	必做
活动时间	课中
成果形式	研究报告

（六）教材作业的设计

　　作业是教材的重要组成部分，作业不仅包括课本中的练习，也包括教材配套的练习部分。一方面，作业是学生学习知识、形成技能、发展能力的重要手段，是落实课程目标的重要途径；另一方面，教师通过作业可以及时了解学生的学习情况，从而促进教学方式的改进和教学过程的优化。因此，对作业进行整体思考和设计，可以使作业的编制更加具有目标性、针对性、有效性、全面性，这不仅有助于教材的整体建设，而且有助于学生学习能力的发展和核心素养的培养。

　　1. 要求

　　以文字阐述或表格形式总体说明教材作业的整体设计思路。以表格形式呈现某一单元作业的题量、题型、分层设计、对目标的落实以及相关内容的设计。

表2.23　整套教材作业的整体设计表

序号	项　目		说　明
1	作业总量	课本内练习	
		配套练习部分	
2	作业类型	课本内练习	
		配套练习部分	

（续表）

序号	项　目		说　明
3	作业难度	课本内练习	
		配套练习部分	
4	目标落实		
5	育人价值		

表2.24　某一单元作业的设计表A

项　目		设计要求	题　量	说　明
目标落实	目标1			
	目标2			
	目标3			
作业类型	填空题			
	选择题			
	简答题			
	解答题			
	实践题			
	……			
分层设计	A层			
	B层			
	……			
育人价值	立德树人			
	应用价值			

表2.25　某一单元作业的设计表B

1. 基本信息

作业总量	预计完成时间

（续表）

2. 作业要求与作业目标的对应性分析（解释性）		
作业目标	题　号	数　量
目标1		
目标2		
目标3		
3. 作业类型分析（多样性）		
作业类型	题　号	数　量
计算题		
情境题		
拓展题		
开放题		
长周期题		
……		
4. 作业分层情况分析（层次性）		
难　度	A级	B级	……
数　量			
5. 育人价值体现分析（价值性）		

表2.26　作业属性表[1]

属性名称	作业
作业名称	
对应章节	
作业类型	□ 收敛型　　□ 开放型
作业时长	□ 收敛型：＿＿＿＿＿＿＿＿＿＿（完成本题所需时长，以分钟计） □ 开放型：□ 长周期　□ 短周期

[1]　本表格可在标引工具中填写、勾选并输出。

（续表）

作业难易度	□ 容易　　□ 一般　　□ 较难　　□ 难
作业性质	□ 基础型　　□ 拓展型　　□ 开放型
对应课程总目标	
对应课程阶段目标	
对应教学基本要求	
作业目标	
作业形式	纸笔形式：□ 填空　　□ 选择　　□ 连线　　□ 问答　　□ 计算　　□ 作图题 　　　　　　□ 综合题　　□ 证明题　　□ 写作　　□ 判断题　　□ 其他 非纸笔形式：□ 思考　　□ 实验　　□ 讨论　　□ 综合　　□ 制作　　□ 朗读背诵
对应教学结构环节	□ 创设情境、引入问题　　　　□ 组织活动、激发思维 □ 联系知识、明确本质　　　　□ 运用概念、解决问题
所在栏目属性	□ 核心学习栏目　　　　　□ 辅助学习栏目 □ 拓展学习栏目　　　　　□ 训练栏目 □ 其他栏目
任务类型	□ 必做题　　□ 选做题

2. 说明

1）各学科教材可以根据本学科的特点和具体情况选择不同的呈现形式，但表格中的要素必须填写齐全。

2）作业总量可以用所有学生完成的平均时间来量化，也可以用作业的数量来表示。

3）作业类型由各学科教材按照学科特点自行确定。

4）育人价值主要是指作业本身所内含的立德树人、应用价值等，可以从爱国主义和民族精神、社会主义核心价值观、思想品德、生命教育、科学精神与人文精神、平等观念等方面进行说明，具体可通过几个典型的实例来反映。

5）节（课）是教学的基本单位，因此按节（课）对作业进行整体设计最为可行和有效。基于突出重点和易于操作的原则，可以选取某一节（课）作为样例进行作业的设计分析，其他节（课）参照样例加以落实。

3. 建议

对于教材作业的设计建议关注以下几个方面：

1）作业的整体设计应依据《课程标准》和《教学基本要求》，关注核心素养的培养。

2）作业难度应与《课程标准》和《教学基本要求》的要求相一致，根据学科特点可分为多个层次。

3）作业的编排方式应按照一定的逻辑顺序编排，符合循序渐进的原则，要有利于学生的学习，促进学生的思维和能力发展。

4）作业类型要适当体现多样性，除了纸笔题外，还应该包含一定数量的实践题、长周期题、开放题。

5）每节作业的量应合理，难易程度应达到恰当的比例。

4. 示例

表2.27　初中《物理》练习部分整体设计表

序号	项目	说　　　明
1	作业总量	除了长周期题、实践题外，每节内容的题目容量控制在30分钟以内。
2	作业类型	纸笔题（填空、选择、作图、简答、计算、实验）、实践题、长周期题、开放题、合作完成题。纸笔题和其他题比例约为9∶1。
3	作业难度	根据思维能力要求和动手实践操作的难易程度，分为简单题、中等题和较难题三个层次，分配比例为7∶2∶1。
4	目标落实	每道练习题都有清晰的编写意图，目标明确、充分、恰当。
5	育人价值	与社会生活密切联系，具有一定的应用性；与生命教育、民族精神相关，体现一定的育人价值。比如，筷子中的物理知识、城市的热岛效应、参观上海风电科普馆。

表2.28　高中《数学》（高一年级第一学期）"指数函数图像与性质"作业设计表

单元名称：4.2指数函数的图像与性质

练习（编号）	目标落实	练习类型	对应教学结构环节	练习时间(分钟)	练习难度	学习水平	内容维度	能力维度
练习1（第1课时）	通过观察函数的解析式，判断函数图像之间的关系	简答	组织活动、激发思维	2	易	理解（B）	指数函数的图像	推理论证、空间想象
练习2（第1课时）	会用描点法画指数函数的图像	作图	组织活动、激发思维	6	易	运用（C）	指数函数的图像	运算求解、空间想象
练习3（第1课时）	能够运用指数函数的解析式解决实际问题	解答	运用概念、解决问题	4	中	运用（C）	指数函数的概念	运算求解、数学建模
练习4（第2课时）	利用计算器探究指数函数的性质	解答	组织活动、激发思维	3	易	理解（B）	指数函数的性质	运算求解

（续表）

练习（编号）	目标落实	练习类型	对应教学结构环节	练习时间(分钟)	练习难度	学习水平	内容维度	能力维度
练习5（第2课时）	利用指数函数的性质进行计算	解答	运用概念、解决问题	4	中	理解（B）	指数函数的性质	运算求解
练习6（第2课时）	能够运用指数函数，解决实际问题	解答	组织活动、激发思维	8	难	运用（C）	指数函数的概念与性质	运算求解 数学建模

作业（编号）	目标落实	作业类型	对应教学结构环节	作业时间	作业难度	学习水平	内容维度	能力维度
作业1（第1课时）	根据图像性质写出函数解析式	解答	运用概念、解决问题	2	易	理解（B）	指数函数的图像与概念	运算求解、空间想象
作业2（第1课时）	会用描点法画指数函数的图像	作图	组织活动、激发思维	5	易	运用（C）	指数函数的图像	运算求解、空间想象
作业3（第1课时）	会用指数函数的概念和图像进行分析	解答	组织活动、激发思维	6	中	运用（C）	指数函数的图像与概念	运算求解、空间想象
作业4（第2课时）	根据指数函数的性质求最值	解答	组织活动、激发思维	2	易	理解（B）	指数函数的性质与图像	运算求解
作业5（第2课时）	根据指数函数性质进行计算	选择	运用概念、解决问题	2	易	理解（B）	指数函数的性质	运算求解
作业6（第2课时）	利用指数函数性质进行比较大小	解答	运用概念、解决问题	2	易	理解（B）	指数函数的性质	运算求解、推理论证
作业7（第2课时）	根据指数函数性质进行判断	解答	运用概念、解决问题	3	中	理解（B）	指数函数的性质	推理论证
作业8（第2课时）	会用指数函数的性质和图像进行分析	解答	运用概念、解决问题	6	难	运用（C）	指数函数的性质	运算求解、推理论证

表2.29　高中《英语》(牛津上海版)(高二年级第一学期)
Unit 3 Trends　Grammar A 单元作业属性表

属性名称	作业
作业名称	Grammar A　Discover the rules Work out the rules
对应章节	Unit 3 Trends　Grammar A

（续表）

作业类型	收敛型
作业时长	15分钟
作业难易度	一般
作业性质	基础型
对应课程总目标	○ 持久的学习积极性，良好的学习习惯，学好英语的自信心。 ○ 科学探究的学习方法和团队合作的意识。 ○ 较为熟练的语言技能，比较丰富的语言知识，学习过程的体验，良好的英语交际能力。
对应课程阶段目标	○ 能适应真实的语言环境，具备生活、学习和工作所需的基本语言能力。 ○ 具有较好的自主学习能力。
对应教学基本要求	4.3.2B.2B　理解非限制性定语从句的用法 4.3.2B.3B　读懂含有非限制性定语从句的句子
作业目标	能够通过例句，自主探索发现限制性定语从句和非限制性定语从句的语法特征和语用功能。
作业形式	填空
对应教学结构环节	联系知识、明确本质
所在栏目属性	核心学习栏目，训练栏目
任务类型	必做题

（七）教材数字资源内容的设计

数字资源是复合型教材的重要组成部分，进一步丰富了教材的内容。数字资源能够在有限的时间和空间里展示微观和宏观领域，实现教材知识的立体分层、教学活动的动态交互、学习过程的"脚手架"支持。一方面，通过教材的数字资源，学生可以更直观地感受纸质教材无法呈现的生动内容，更深刻地理解教材内容，拓宽视野；另一方面，针对学生的学习过程所需要的"脚手架"支持，如例题解析、背景概述、实验观摩等，数字资源能够实现学生学习的个性化，促进学生学习的自主性，丰富学生的学习经历和体验。

教师利用数字资源可以促进教学方式的改进和教学过程的优化。数字资源拓展了教师教学设计的思路和空间，使教学方式更加有效。交互式数字资源促进师生间信息传输，帮助教师及时把握学生情况，优化教学过程，实现个性化教学。

数字资源的内容设计要关注教学目标与教材内容之间的有机关联，教材内容与相关知识、实际应用之间的有机关联，以及教材内容与教学结构之间的有机关联。对数字资源进行整体思考和设计，可以使数字资源的编制更加具有目的性、针对性、有效性，对复合型教材的整体建设有着至关重要的作用。

1. 要求

1）以文字阐述整套教材（含课本、练习部分）数字资源的整体设计思路，包括资源总量、目标落实、体现育人价值、符合教学结构的要求等方面。举例说明数字资源的内容与教材内容的关系。

2）以表格形式呈现整套教材数字资源的数量、内容及呈现形式，并对某一单元的数字资源进行汇总和具体说明。

表2.30　某一单元的数字资源设计表

单元名称：＿＿＿＿＿＿＿＿＿＿＿　　　　数字资源数量：＿＿＿＿＿＿＿＿＿＿＿

数字资源 （按编排顺序）	呈现形式	时长/大小/容量	对应教学结构环节	说　明

表2.31　数字资源属性表[1]

属性名称	数字资源
数字资源名称	
对应章节	
对应课程总目标	
对应课程阶段目标	
对应教学基本要求	
呈现形式	□ 视频　□ 音频　□ 文本　□ 交互　□ 图像　□ 动画　□ 其他
数字资源作用	□ 解答（解析）　□ 模拟　□ 操作过程　□ 拓展资料
时长（音频/视频）	
对应教学结构环节	□ 创设情境、引入问题　□ 组织活动、激发思维 □ 联系知识、明确本质　□ 运用概念、解决问题
所在栏目属性	□ 核心学习栏目　□ 辅助学习栏目　□ 拓展学习栏目 □ 训练栏目　□ 其他栏目

[1] 本表格可在标引工具中填写、勾选并输出。

2. 说明

1）应依据《课程标准》和《教学基本要求》，根据教学内容的需要确定数字资源总量，每个单元的数字资源量应充分考虑课时安排。

2）目标落实是指数字资源呈现对课程目标的理解和对教学目标的落实。

3）育人价值主要是指数字资源本身所内含的立德树人、应用价值等，可以从爱国主义和民族精神、社会主义核心价值观、思想品德、生命教育、科学精神与人文精神、平等观念等方面进行说明，具体可通过几个典型的实例来反映。

4）基于突出重点和易于操作的原则，教材可以选取某一节（课）作为样例进行数字资源的设计分析，其他节（课）参照样例予以落实。

5）数字资源的呈现形式参见"九、复合型教材的呈现方式（三）教材数字资源呈现形式的设计"。

3. 建议

对于复合型教材数字资源的设计建议关注以下几个方面：

1）数字资源的整体设计应依据《课程标准》和《教学基本要求》，关注核心素养的培养。

2）数字资源内容的设计要重点关注对学科教学结构的体现。

3）数字资源的设计要体现科学性、针对性、准确性和有效性的原则。

4）避免无意义或作用不大的数字资源；避免使用怪异、另类或可能产生歧义的数字资源；避免使用带有商品广告等信息的数字资源。

4. 示例

高中《英语》（牛津上海版）（高二年级第一学期）

Unit 3 Trends 数字资源设计说明

数字资源内容是本套教材的重要组成部分。本套教材的数字资源内容使教材立体化、直观化，丰富教师教学资源的同时，丰富学生的学习经历和体验，促进学生的学习自主性。例如：通过视频创设情境，让学生在读前更直观地感受和了解语篇主题；语篇音频和口语板块的示例视频便于学生跟读和模仿；语法讲解视频帮助学生学习语法项目。

表2.32　高中《英语》（牛津上海版）（高二年级第一学期）Unit 3 Trends数字资源设计表

单元名称：Trends　　　　　　　　　　　　数字资源数量：6

数字资源（按编排顺序）	呈现形式	大　小	对应教学结构环节	说　明
不同人对时尚的理解（What is fashion to you?）	视频	7.17 MB	创设情境、引入问题	通过创设情境，让学生初步理解fashion的意义，激发阅读兴趣。
阅读语篇的朗读录音	音频	3.42 MB		课文音频，便于学生跟读和模仿。

（续表）

数字资源 （按编排顺序）	呈现 形式	大　小	对应教学 结构环节	说　明
阅读读后活动中用于表达观点的关键词	数字文本	19 KB	运用概念、解决问题	提供精炼的、可用于支持个人观点的数据、事实、引述等内容,帮助学生更好地表达观点。
讲解语法规则的视频	视频	14.9 MB	联系知识、明确本质	动态展示语法项目的难点,便于学生更直观地理解语法项目。
口语示范视频	视频	7.56 MB	组织活动、激发思维	视频能展现说话者说话时的表情、动作、声音,便于学生更好地模仿说话人的语音语调、节奏和说话时的神情和动作。
口头表达范本	数字文本	14 KB	组织活动、激发思维	书面呈现口语示范视频中的表达内容能帮助学生学习某类体裁的口语表达中常用的词汇、句式,便于学生模仿。

表2.33　高中《物理》(高二年级第二学期)"电磁感应　电磁波"数字资源设计表

单元名称:电磁感应　电磁波　　　　　　　数字资源数量:7

数字资源 （按编排顺序）	呈现形式	时　长	对应教学 结构环节	说　明
章首情境引入部分:几种发电方式的介绍	电子书	5分钟	创设情境、引入问题	将资料性的视频、图片、文本等集合成数字形式,用信息技术补充教材限于篇幅而不能扩展的知识内容,突显了物理学科复合型教材的特点。
学生实验:探究感应电流产生的条件	视频	5分钟	组织活动、激发思维	对核心规律的科学探究,组织优秀教师拍摄探究过程的视频,一方面优化教学设计,另一方面有助于学生对核心规律的理解。
DIS实验:微弱磁通量变化时的感应电流	视频	2分钟	运用概念、解决问题	将部分演示实验拍摄成教学视频,供学生观摩,有助于激发学生的思维,增强知识应用于实践的意识。
右手定则的建立过程	交互模拟	3分钟	组织活动、激发思维	设计虚拟实验,学生可通过自己操作连线、交换磁极方向、移动导体等进行实验,观察灵敏电流计探究感应电流方向,收获新知。
核心概念:右手定则的应用	3D动画	5分钟	联系知识、明确本质	通过3D模型立体化展示核心概念"右手定则"的应用,便于学生直观形象地获得磁感线方向、电流方向及手掌位置的关系。

（续表）

数字资源 （按编排顺序）	呈现形式	时　长	对应教学 结构环节	说　　明
新科技应用：电磁波的应用	电子书	3分钟	运用概念、解决问题	将资料性的视频、图片、文本等集合成电子书，以补充教材上限于篇幅而不能扩展的新技术，源于教材而高于教材。
作业	微课讲解	12分钟	运用概念、解决问题	精选习题，学以致用，并通过多媒体手段，提供解题思路和方法，引导学生规范解决问题。

表2.34　高中《物理》（高二年级第二学期）"电磁感应　电磁波"数字资源属性表

属性名称	数字资源
数字资源名称	实验视频：探究感应电流产生的条件
对应章节	第十一章　电磁感应　电磁波　A　电磁感应现象
对应课程总目标	○ 让学生获得必需的物理基础知识和基本技能，初步了解物理学的发展历程。 ○ 经历物理知识的形成过程，感受、认识和运用物理学的基本思想和基本方法。 ○ 受到科学精神的熏陶，养成良好的学习习惯和科学态度，逐步形成正确的世界观、人生观和价值观。
对应课程阶段目标	○ 能根据实验目的，选择实验器材，合理安排实验步骤，组装和调试实验设备，正确完成操作。 ○ 能主动提出适合探究的问题，设计探究方案，搜集事实和证据，实施研究计划。 ○ 感悟质疑、求真、创新等科学精神的基本要素；能够注意识别科学与伪科学，懂得科学精神与人文精神是统一的。
对应教学基本要求	11.1.2.1A　知道实验目的和器材。 11.1.2.2B　会利用提供的器材在回路中产生感应电流。 11.1.2.3B　能参照实验步骤独立完成相关操作。 11.1.2.4B　能适当运用比较、归纳等方法得出感应电流的条件。
呈现形式	视频
数字资源作用	操作过程
时长（音频/视频）	5分钟
对应教学结构环节	组织活动、激发思维
所在栏目属性	核心学习栏目

九、复合型教材的呈现方式

（一）教材栏目的设计

栏目是构成教材的基本功能单位，能够在一定程度上体现教材的教学特征。不同的栏目按照一定的编排方式构成教材的基本体例。因此栏目的功能定位以及相互之间的关系,对教材内容的编选,对课程目标的达成,对教师的教与学生的学有着极其重要的意义。

1. 要求

以文字阐述或图表形式说明整套教材所有栏目的名称和功能定位及其对应的教学结构环节。

表2.35 整套教材栏目设计表

整套教材栏目数量:_____

栏目名称	栏目功能定位	对应教学结构环节

2. 说明

列表说明整套教材的栏目名称、栏目数量及功能定位,还可以根据各学科教材的特点,将相关栏目进行分类呈现,如核心学习栏目、辅助学习栏目、拓展学习栏目、训练栏目等。

3. 建议

说明教材的栏目设计建议关注以下几方面:

1)栏目的功能设计要定位明确,编写意图清晰,配比、顺序合理。

2)每个单元应由一些固定的栏目组成,形成统一的体例。在一个单元内,各栏目应相互联系、互补,形成一个有机整体。

3)栏目设计应注意考虑促进教学的有效开展,易教易学。

4. 示例

高中《英语》(新世纪版)整套教材栏目设计说明

本套教材每单元的核心栏目有:阅读(Reading),语法结构(Structures),听说技能训练(Listening and speaking),任务(Task),写作指导(Writing),学习技能(Study skills),词汇表(Vocabulary),语言功能(Functions)。

阅读:包含"课文阅读"和"补充阅读"。创造以学生为中心的教学环境,帮助学生掌握语言知识点并培养阅读技能,从而积极理解、操练并运用课文所承载的语言、人文、科普等诸多方面的知识。

语法结构:强调语法知识的系统训练,但淡化烦琐的语法规则和术语。在操作上,尽量用发现法和归纳法来介绍基础语法知识,然后在实践中应用。

听说技能训练:包含"听力部分""口语部分"以及"听说结合与综合技能的训

练"。让学生成为学习主体，过程体现"以人为本"的语言价值，符合任务型教学的理念与原则，以主题和功能为训练线索，增加学生参与度，加强语言训练的意义和有效性。

任务：任务设计具有研究型学习的特点，需要学生运用单元所学知识和技能去完成一项与他们的经历相关的任务，是"学用结合"的实践和展示。

写作指导：包含基本句型的总结、文章结构探讨、基本组织手法、文章类型介绍，以及应用文写作等。

学习技能：通过向学生介绍不同的语言学习技能，并提供适当和有效的训练，增强他们的学习策略意识，鼓励他们积极寻求适合自己的学习方法，从而培养出懂得积极运用良好学习策略的自主型学习者。

词汇表：词汇表对于学生准确掌握单词的发音以及准确理解单词的含义起到积极有效的作用。通过阅读英语释义，学生还可逐渐养成"用英语理解英语"的良好语言学习习惯。

语言功能：所提炼的语言功能符合《课程标准》的基本要求，紧密围绕单元主题，并与"听说技能训练"栏目相互呼应、有机结合，使教学过程更规范，目的更明确。

表2.36　高中《物理》整套教材栏目设计表

整套教材栏目数量：8个

栏目名称	栏目功能定位	对应教学结构环节
探索研究	是培养学生探究能力、学习知识的重要栏目。学生以个体或小组的形式，按课程标准六项探究要求中的部分或全部，在课内进行自主探究性学习活动，包括理论探究和实验探究，以培养学生的思维能力、实践能力和创新能力。	组织活动、激发思维
大家谈	课本在关键处提出有启发性、可答性，并能激发认知冲突的问题，供学生课内进行交流讨论使用，以促进新知识的构建。	创设情境、引入问题
自主活动	在课内由学生自主完成的小实验、小练习、小制作、小游戏，用以加强对所学内容的理解和巩固。	组织活动、激发思维 联系知识、明确本质
DIS实验	利用由传感器、数据采集器和计算机所组成的实验装置进行实验，以替代或扩充部分传统实验，提高实验的质量和水平，强调与信息技术的整合，体现时代性。	组织活动、激发思维 运用概念、解决问题
点击	与课本内容直接或间接相关的、必要的附加陈述，有助于学生对核心内容的理解。它可使教材主干精练，确保内容充实。	联系知识、明确本质
STS	与所学内容有关的物理学与生活、技术和社会相联系的内容。它与一般的知识应用相比，更具专题性、应用性、现代性，如科技成果、建设成就、环境和可持续发展等。	运用概念、解决问题

（续表）

栏目名称	栏目功能定位	对应教学结构环节
拓展联想	所学内容与已学物理知识的各种联系，以及与其他学科的联系，包括思想方法上的类比、联想等。适当拓展知识的深度和广度。	联系知识、明确本质
历史回眸	反映物理学发展的相关史实，如重要规律的建立过程，科学家的故事、传略等。	/

（二）教材版式的设计

教材的版式设计对于教材的呈现极其重要，其中教材的插图以及文字与插图的关系尤为重要。教材中的文字与插图，在结构和组织上都能够成为独立的信息体，都是实现内容呈现和诠释的方式，如相互配合得好，就能便于阅读、提升美感、增强兴趣、增强学习效果，可以起到事半功倍的作用。

但是，教材的图文编排和关系处理在视觉设计中又极其微妙，要做到文字和图片的有机统一、和谐编排，需要根据学科教材内容特点、学生心理特点、教材版面设计的科学性等仔细研究和斟酌，了解和分析学生如何学，教师如何教，明确教材内容传递的准确性和有效性，设计有利于促进学生学习、教师教学的呈现方式。

作为复合型教材，其版式设计还应兼顾到数字资源的热点标识图标如何与纸质图文的融合与统一，既美观又不突兀，并能起到提示作用，因此需根据整体版式进行通盘考虑。

1.要求

结合提供的教材样章，采用文字阐述或版式设计图示的形式，呈现本套教材整体版式的设计思考，并重点反映教材文字和图表的关系。

2.说明

1）教材整体版式包含版式设计风格、版面图文的比例、图表风格以及装帧设计等。

2）图表包含各类图片、表格、地图、具有学科特点的习题或例题中的图与表，以及栏目或数字资源热点标识的图标。

3）教材版式的设计应体现对文字、数据、图表、色彩等诸多元素间关系的思考，包括拟绘制或选取图表的功能、类型和图文比例，以及图文结合方式等关系层面的设计，预期的效果和作用等。

3.建议

阐述教材版式设计建议关注以下几个方面：

1）教材整体版式设计首先要考虑学生的年龄特点和认知水平以及教师的教学实际，了解使用者的需求，明确需达成的目标，做好教材版式设计的定位。

2）教材版式设计需关注信息传达的有效性，避免形式大于内容的做法。

3）教材的版式及装帧应进行整体设计，系统安排，体现一定的风格特点。

4）教材中的文字和图表的科学性、必要性、针对性、准确性、相关性、有效性、教学性等均应仔细斟酌，避免无意义或作用不大的文字和图表占据版面。

5）要注意文字与图片的关系，注意视觉效果，将科学性与趣味性相结合，做到图文匹配、相得益彰、有机结合，加强信息传递的有效性。

6）教材中的插图应注意精准、明确、简洁，并具有一定的审美价值。避免使用怪异、另类或可能产生歧义的图片；避免使用带有商品广告等信息的图片。

7）教材中的栏目图标与热点标识图标应注意与图、文、表等的和谐编排，不突兀。

4. 示例

高中《英语》（牛津上海版）（高二年级第一学期）Trends 版式设计说明

样章的版式设计参考了国内外同类教材，进行了单元版式的整体性设计。每个单元分为 Reading，Grammar，Listening，Speaking，Writing，More reading 六个板块。每个板块另面开始，体现整体性。每个板块配有提示板块功能的特定图标，既方便学生辨识，又能引起学生的关注。

阅读板块采用和合页排版，整体性更强，方便学生在阅读理解过程中回看语篇。同时，主文章字体美观，字号适中，避免阅读疲劳。

插图排在对应文字的旁边，是对阅读内容的提示、对照或补充，帮助学生预测或理解文章内容，使文字内容形象化，提升学生的阅读兴趣。

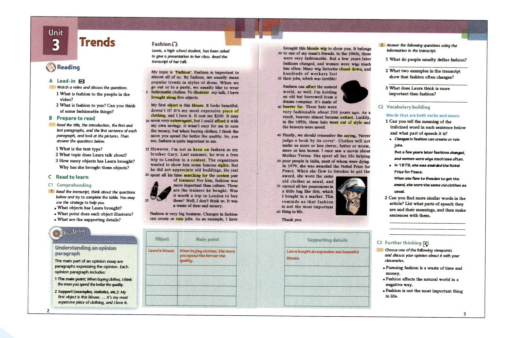

高中《数学》版式设计说明

本教材样章中的版式设计采用2/3正文、1/3边款的形式,突出了纸质内容和数字资源相辅相成又互为独立的特性,同时边栏的适度留白为学生提供一定的学习空间。

教材中数字资源的设计是以一个个简洁美观的图标形式呈现在边栏,通过阅读器扫描图标得到相应的内容。这样设计的目的是:通过将教材纸质部分主要内容与数字资源分开,保证纸质部分内容的独立完整及显性化,从而避免纷繁复杂的数字资源对主要教学内容的干扰;通过扫描图标的形式呈现数字资源,使得封装的数字资源更加安全,不易被篡改;在边栏放置带有设计感的图标,不仅有效地标明了数字资源的位置和栏目特征,而且使得整个版面的呈现方式也更加美观。

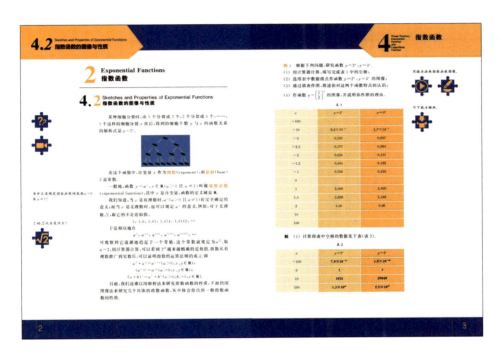

(三) 教材数字资源呈现形式的设计

数字资源是教材内容呈现和诠释的重要方式之一,具有比纸质教材更为灵活的呈现形式。影、音、图、文、网等富媒体形式能全方位、立体化地呈现纸质教材难以呈现的微观和宏观世界。纸质教材与数字资源如相互配合得好,就能提升学生学习兴趣、丰富学习经历、增强学习效果,起到事半功倍的作用。

数字资源呈现形式应做到和教材内容的统一、和谐,需要根据学科教材内容特点、学生心理特点、教材数字资源的多样性等仔细研究和斟酌,了解和分析学生如何学,教师如何教,采用有利于促进学生学习、教师教学的呈现形式,确保教材内容传递的准确性和有效性。

1. 要求

1）以表格形式呈现整套教材数字资源的数量、内容及呈现形式，并对某一单元的数字资源进行汇总和具体说明。

2）数字资源整体设计表、属性表均同"八、复合型教材内容的设计 （七）教材数字资源内容的设计"。

2. 说明

复合型教材数字资源的呈现形式可参考表2.37，具体技术要求见本章第四节"复合型教材编制的基本技术要求"：

表2.37 复合型教材数字资源的呈现形式说明

呈现形式	说　　　明
文字	对教材内容以文字形式加以补充，如：背景资料、习题答案、解析等。
图像	对限于版面、无法在教材中呈现的图像进行增补，如：局部图、全景图等。
音频	呈现课文内容的录音及补充音频资料，如：原版原式点读或点播，跟读或跟唱，语音识别等。
视频	根据教材内容需要补充的线性播放资源，如：实拍实验、微课、纪录片、动画、情景短剧等。
交互资源	通过虚拟实践能丰富学生学习经历和体验、提升教学成效的资源，如：练习、游戏、实验、图表、三维模型等。

3. 建议

阐述数字资源呈现形式设计建议关注以下几个方面：

1）要考虑学生的年龄特点和认知水平，以及教师的教学实际，了解用户的需求，明确需达成的目标。

2）要注意形式与内容的关系，注意教与学的效果，注重用户体验，并具有一定的审美价值，做到数字资源与教材内容相得益彰、有机结合。

3）需关注信息传达的有效性，避免形式大于内容的做法。

4. 示例

参见本书第88页表2.32。

十、复合型教材的自查与检测

复合型教材编制的各项指标可通过复合型教材标引系统[1]进行自查与检测。

---

[1] 具体请参见本书姊妹篇《复合型教材标引研究与实践》，由中华地图学社出版。

复合型教材编制组使用标引系统对教材内容添加标引,标引中含有教材的基本信息,并对教材及其内容片段的目标特征、内容特征、教学特征、形式特征界定了其属性,从而为教材的编制和审查提供依据,为教材的使用和互动提供可查询和提取的教学资源。

标引即"标记和指引",即通过对知识、信息等进行标记,指引使用者方便、快捷地找到所需要的信息。具体而言是指依据一些属性特征项对内容对象添加规范化的词或术语的过程,以便通过这些规范化的词或术语查找到相关的描述对象,或者实现对符合某些条件的描述对象进行统计、汇总及其他应用。

复合型教材所添加的标引赋予教材及其内容片段以检索标识,描述其属性特征,以实现教材的目标特征、内容特征、教学特征、形式特征的汇总和索引。复合型教材的呈现要素如活动、栏目、核心概念、数字资源、作业等均可以通过标引系统输出单个内容的属性表和整个单元所有内容的汇总表。标引系统还可以输出不同要素与课程理念、课程目标、学科教学内容与要求之间的关联表。属性表为界定教材内容片段提供依据,汇总表和关联表可以检测目标的达成、学科教学内容与要求的落实,以及单元内在结构的设计是否科学合理。

标引系统是结合《〈复合型教材编制方案〉的设计规范》,参照《复合型教材著录标引规范》设计的,能够辅助教材的编制和审查,使编制和审查有"数据"、有"证据"、更科学。所有复合型教材著录标引工作均必须在《标引工作规程》的指导下开展;《著录标引规范》主要基于"教材编制审查"应用场景的需求,各学科标引系统均有《著录标引规范》总则和分则。

标引的远期意义是在教材的使用和互动过程中,进行学习行为的采集和为学习分析提供数据,帮助教师和学生更好地使用教材,并能够实现方便的检索、灵活的学习内容重组、个性化的练习等功能,为个性化学习、自主学习等提供支持。

1. 要求

复合型教材编制组在开展编制工作之前应参考标引系统中的检核工具表思考工作重点和细节,在编制工作过程中应利用检核工具表进行自查,并根据自查结果及时修正和改进。编制工作完成之后,复合型教材编制组送审递交的材料应包括由标引系统输出的检核工具表,包括属性表、关联表和汇总表。

2. 说明

1)标引中含有教材和教材内容片段的物理信息,如:出版信息、教材名称、使用年级、教材品种、章(主题或单元)、节、字数、大小、时长等。

2)标引的对象包括但不限于教材、教材的单元/章/节、数字资源、活动、实验、例题或示例、作业(含练习)、栏目、核心概念、图表。

3)每一个标引对象的目标特征、内容特征、教学特征共同构成其属性,标引工作就是要为标引对象生成属性表。复合型教材属性表包括：核心概念属性表、活动属性表、实验属性表、栏目属性表、作业属性表、数字资源属性表、图表属性表。

4）教材的信息化支持平台上内置了本学科的标引系统。教材编制组在此平台上对一本教材及教材内容片段如章节、陈述内容、活动、实验、作业（含练习）等从不同维度进行勾选、填写，包括目标特征（《课程标准》）、内容特征（文字、图片、表格等）、教学特征（教学结构环节），最终完成教材的标引，并由标引系统生成属性表、汇总表和关联表。

3. 建议

1）教材编制组协同教材编辑共同认真学习标引系统，理解和明确任务。教材编制组应确定本学科教材标引对象的属性分类（或特征项）的概念内涵界定，如难度分级。

2）教材编制组应先确定标引对象，将标引对象进行分类，并确定标引单位，如以一段文字还是若干段文字进行标引。

3）按照标引系统的操作说明进行标引。

4）教材编制组思考和设计标引工作的流程和审核步骤，确保标引工作的科学性。

5）标引完成以后，由标引系统输出属性表、汇总表和关联表供教材编制组自查和检测。

第三节
基本教学结构的研究

　　教材的教学结构,对学生来说,是包含知识技能、学习方法、情感态度等方面逐步深化的认知过程;对教师来说,是引导教师设计课堂教学的重要依据。

　　教材对教学结构的体现是将教材所选取的内容素材有意识地设计与组织,在向学生展现概念结论的同时,更向其传递形成这一结论的思想方法,建构内在的逻辑关联,揭示学科的本质内涵,体现学科的育人价值。

　　复合型教材是信息化技术与纸质教材的结合。在教学结构的引导下进行复合型教材的编制,将进一步推动教材的设计和编制有利于学生实施自主学习,改变学习方式,并有效推动信息化教学实践与研究的深入开展,突显信息化建设在课程教学改革中的关键作用。

一、研究背景

　　复合型教材建设的基本思路是:基于学科《课程标准》和《教学基本要求》的目标与要求,形成对课程的整体理解和诠释,将来自一线的真实教学实践经验和学科理论基础研究成果相结合,转化为教材中蕴含的教学结构,既体现课程内在的逻辑关系,又呈现教学展开的脉络顺序;根据教材设定的对教学结构的体现方式,在确定的环节要素中配置相应的数字资源;按照著录标引规范,使用标引工具,对教材内容添加标引,形成复合型教材。

　　因此,复合型教材的建设应在系统思考、框架设计和体例构建时,从两个层面考虑,一个层面是以学科的知识体系结构为依据,另一个层面是以教学结构的基本环节为线索,在教学结构的引导下,进行教材内容的编写和资源的策划。

　　教学结构研究成果在复合型教材建设的实施推进过程中具有重要的作用,其研究工作需先行开展。

二、研究目的

　　本项目对教学结构的研究,其主要目的如下:

第一，为复合型教材的整体架构、框架设计和结构体例构建提供必要的参照。

第二，强化对教学结构重要性的认识，提高教材具体内容的编选和活动、作业策划的科学性，提升各类资源的设计，实现配置的有效性。

第三，通过强化教学结构在复合型教材编制中的体现，突显复合型教材的教学性，更好地实现教材对课程目标、课程内容与要求的落实，有效引导教师的教与学生的学。

三、研究路径

教学结构的研究路径，主要采取"文献研究—问卷调研—信息汇总—分析提炼—模拟设计—交流研讨—形成报告"的方式，分几轮逐层推进。

（一）文献研究

本项目指向的教学结构研究在学术领域、理论层面开展的深入研究不多，没有现成的经验和成果可以借鉴和参考。为了确保此项研究的科学性与研究成果的实用性，项目组在研究过程中，搜集整理并查阅了相关国内外研究资料，如《多元智力理论下中外物理课堂教学结构的研究》《化学课堂结构系统研究》《信息化环境下教学结构改革的案例研究》等学术论文，结合项目要求和实际情况，进行有针对性的解读、剖析和借鉴，作为项目研究的学术基础。

（二）问卷调研

项目组设计调查问卷，从语文、数学、英语、历史、物理、化学等学科切入，侧重高中阶段教材，对相关学科的专家和教材主编、市学科教研员和综合教研员等进行调研，了解不同学科、不同领域专家对学科和教材教学结构的思考和理解。

（三）信息汇总

项目组将专家调查问卷的信息和专家提供的示例等内容，按照学科对问卷题目进行分类汇总，获得了专家对教学结构内涵界定、组成要素、构成特点、设计依据的阐述，以及专家对本市现行教材体现教学结构的评价。同时，项目组也对专家提出的教材体现教学结构将面临的困难和需要解决的问题进行了梳理。

（四）分析提炼

项目组将收集汇总的信息进行逐条梳理、对照分析，结合已有的理论与实践经验，在各门学科、各位专家提供的调查信息基础上，提炼出相对中观、具有一定普适性的教学结构基本要素、主要环节及其逻辑关系，为复合型教材的编制提出可供参考的系统模式。

（五）模拟设计

将基于专家调研所提炼形成的学科教学结构，向参与研究的出版社辐射，由涉及学科的高中教材出版单位责任编辑运用于所负责的学科，进行该学科教学结构的模拟设计，形成相关学科教材对应的教学结构模型，并以该学科教材的一个样章来体现对教学结构的呼应和落实，从而检验教学结构研究成果的普适性和可行性。

（六）交流研讨

在汇总梳理、分析提炼和实践试验的基础上，项目组再组织集中沟通和交流，深入研讨教学结构在不同学科、不同教材中的对应程度和匹配程度，修正教学结构内涵的定位，使复合型教材的编制有可遵循的基本模型，既不偏离方向，又不会制约教材的编制，捆绑编写组的手脚。

（七）形成报告

基于学科、教研、出版等各方面专家的调研和实践成果，项目组经过几轮深入研讨、反复论证，对教学结构的内涵界定、构成要素、基本环节和逻辑顺序达成共识，形成结论性意见，并提供相关学科的示例予以说明。

四、教学结构的内涵界定

从功能定位上看，教学结构上承教育思想与教学理念，下启教学方式、方法、手段、内容等，是教育目标与教学实践的桥梁，直接影响着教学质量和教学效果。

从属性上分析，结构是指系统内部各组成要素之间在空间或时间方面的有机联系与相互作用的方式和顺序。现代教学系统是由教师、学生、教学内容和教学媒体等四个要素组成，教学系统的运动变化即表现为教学活动进程（教学过程）。由于教学系统的四要素在教学过程中不是彼此孤立，而是通过相互联系、相互作用形成一个有机的整体，这种有机的整体最终体现为一种稳定的结构形式，这种稳定的结构形式就是教学结构。

因此，可以从内在属性出发，将教学结构定义为：在一定的教育思想、教学理论和学习理论指导下的，在某种环境中展开的教学活动进程的稳定结构形式，是教学系统四个组成要素（教师、学生、教材和教学媒体）相互联系、相互作用的具体体现。分别体现为：教师中心、学生中心、教师主导、学生主体。（何克抗：2007）

从外部操作看，教学结构是介于教学系统、教学模式之间的中观概念，是基于学科知识结构、认知结构和教学活动结构展开的教学过程的呈现,其操作性是指:基于相关教学理念,为完成相关教学目标,针对教师、学生、学科知识、教材内容等构成教学的诸要素,在课堂教学特定的时间、空间内所设计的相对稳定、简要的组合方式及其活动顺序。教学结构在空间上表现为教师、学生、教材在教学中的相互关系和基本地位,在时间上表现为教学内容如何安排,教与学如何有序、合理地进行。基于语境上的表达习惯,一般认为教学结构是教学过程的静态描述与逻辑构造,而教学过程则是教学结构的动态呈现。

五、教学结构的设计依据

基于内涵界定,教学结构是依据一定的教育思想、教学理念、教学规律,在空间层面和时间跨度上形成的教学过程中相对稳定的教学程序、逻辑关系及其方法的策略体系,是执教者对教学客观过程作出的主观选择,其所对应的是教学过程、环节和程序等基本要素。教学结构的设计,应综合考虑和紧密呼应课程理念、课程目标、学生学情以及教学资源等因素。

(一)课程理念

教学结构的设计应以教育思想、课程理念、教学理论为依据,顺应课程改革的方向,遵从课程实施的要求,全面贯彻党和国家的教育方针,落实立德树人根本任务,培养德智体美劳全面发展的社会主义建设者和接班人。

上海"二期课改"提出了"以学生发展为本,坚持全体学生的全面发展,关注学生个性的健康发展和可持续发展"的核心理念,重点突出以下几方面:① 关注学生的学习过程,通过创设学习情境、开发实践环节和拓宽学习渠道,帮助学生在学习过程中体验、感悟、建构并丰富学习经验,实现知识传承、能力发展、积极情感形成的统一;② 重视培养学生乐于动手、勤于实践、勇于创新的意识、习惯和能力;③ 倡导自主探究、实践体验、合作交流的学习方式与接受性学习方式的有机结合,倡导"做""想""讲"有机统一的学习过程,倡导合理灵活地利用各种课程资源和信息技术进行学习。

因此,教学结构的设计,应顺应时代的诉求需要,落实课程建设的发展理念,通过创建丰富的教学活动形式,营造良好的学习氛围,关注学生的学习过程,激发学生的积极情感,调动学习的主动性,促进探究的欲望,使学生形成积极良好的求知心理,参与对所学内容的体验、认识、内化,并经历问题解决的全过程。

(二)课程目标

教学结构的设计,应有利于课程目标、教学要求的达成,包括:显性目标和要求,即学科的知识、技能、思想方法、能力等要素以及要素的积累过程;隐性目标和要求,即情感态度价值观以及理性思维品质的形成与发展。

《上海市普通中小学课程方案》提出了"初步形成正确的人生观、价值观和世界观，具有民族精神和国际视野、民主与法制意识和社会责任感；具有适应终身学习的基础知识、基本技能和学习策略；具有初步的创新精神、实践能力和可持续发展能力；具有基本的人文素养和科学素养；具有健康的个性和良好的身心素质，养成健康的审美情趣和生活方式，成为有理想、有道德、有文化、有纪律的公民"的总目标；学科在总目标下，在知识与技能、过程与方法、情感态度与价值观三个维度，又制定了各门学科的具体目标和教学基本要求。

因此，教学结构的设计，应在帮助学生掌握基础知识和基本技能的同时，在有限的时空内，挖掘各种条件，提供多种渠道，开发多元活动，倡导自主、探究、合作学习，更多关注学习习惯、学习策略的形成以及思维能力、实践能力、创新意识的培养，提高学生的人文素养和科学素养，促进目标的有效达成，为学生终身发展和可持续发展奠定基础。

（三）学生实际

教学结构的设计，应遵循学生的认知规律，根据学生的实际情况和现实需求，以学生为主体，培养学生的学习兴趣，提倡学生主动学习，提升学生的思维品质。

学生既是学习的主体，又是自主发展的主体。教育的逻辑起点和根本目的是"以学生的发展为本"，促进学生的全面和个性发展；是在考虑未来社会需要和发展的条件下，顺应学生的身心特点和成长规律，尊重学生的主体性和差异性，满足学生的切身感受和真实需求，为学生的主动学习创造良好氛围。

因此，教学结构的设计，应始终围绕学生的发展，基于学生立场，充分考虑学生的实际情况，遵循学生的认知和身心发展规律，关注学生的认知结构和思维、能力发展序列以及学生的学习心理和成长特点，既要了解学生已有的前期知识、学习基础和学习特点，更要考虑学生的兴趣习惯、学习方法、态度能力，力求改变学生原有被动的学习方法，将知识学习和过程经历与能力发展相结合，丰富各类学习体验过程，促进学生主动积极地探究，激发学生持续学习的兴趣，保护学生探究质疑的欲望。

（四）教学资源

教学结构的设计，应充分考虑和利用现阶段丰富、先进的教学资源，在学校教育有限的时空里，为促进学生积极主动地学习提供支持，为提升课堂教学的有效性提供帮助。

狭义概念的教学资源是指为保证课堂教学有效开展而提供的各种材料和条件等，包括课件、视频、图片、文字资料等传统纸质形式资源以及更加形象直观的数字形式资源，还包括各类教具学具、实验仪器设备，以及运用这些材料、资源、设备的软硬件环境。

在目前知识量急剧增加，而教育时空、教材篇幅又很有限的情况下，教学资源的开发、利用和合理使用，能充分激发学生学习的兴趣，促进学生的积极主动性，支撑具有针对性的自主学习，对教学的有效实施具有极其重要的意义。

因此，教学结构的设计，应充分研究、开发和利用形式多样、内容丰富、形象直观的各类资源，将各类资源与教材内容、学习主题紧密联系，与教学环境、活动情境密切挂钩，与学生身心特点、学习基础融合贴近，支持教学结构各要素和环节的立体化呈现及有效落实，有效支持并促进学生的自主和个性化学习，在学生认知和学习内容、内涵发展之间架起互通的桥梁。

六、教学结构的基本环节

针对不同的教学目标、教材内容、教学环境和师生群体，教学结构具有依附性、动态性、系统性、稳定性和多元化的特征。它应该由相关要素组成，并具有一定的逻辑关系，且是相对固定或相对上位的。根据本项目的研究目的、内涵界定和设计依据，教学结构在特定条件下，表现为一种具有指向性、有机组合且相对稳定的结构，既兼顾各个要素，又突出重点、分清主次、系统组织。

教学结构的设计应依据一定的理论基础、教学要素、关系特征，参考典型的教学结构来进行。"二期课改"背景下课程教材的教学结构，主要由"创设情境、引入问题""组织活动、激发思维""联系知识、明确本质""运用概念、解决问题"几个环节组成，突出"学生为主体，教师为主导"的观念，重视知识的形成过程和学生思维品质的提升。这些环节可以依据现实情况和具体内容，或者顺次连接，或者穿插组合，或者增减处理，从而构建更具目的性、针对性、可操作性的教学结构。

教学结构的设计，也可以从培养学生思维方式的角度出发确定其结构要素，从项目式学习的角度出发架构其逻辑顺序。

教学的路径并不是僵化教条的，教材编写顺序或教学过程不应只是单线条的流水线。因此，项目组经过调查研究、实践检验并最终形成的教学结构，按照顺序构成基本的过程和路径，只是提供一种作为参照的依据，而并不是机械硬性的唯一标准。实现教材知识结构（知识序）、学生认知结构（思维序）、课堂教学结构（教学序）的有机统一，在实际教学环境中架构科学、有效、适切的教学结构，为根本达成教育教学的目的服务，是项目组的不断追求。

（一）创设情境、引入问题

根据教学目标，结合学生实际，创设学生相对熟悉、形象生动具体、有知识基础铺垫的场景，或设置悬念、或呈现信息、或展示现象、或融入现实，导入（生发）具体问题，以问题先行，引起学生内在注意、激发兴趣、获得共鸣，促进学生的心理活动、活跃思维，为学生主动寻求知识、探究答案埋下伏笔，力求解决学生认识过程中"具象与抽象、实际与理论、感性与理性、旧知与新知"之间的关系。

在各学科具体教学过程中，可以根据教学内容和具体要求，采用创设生活场景、提供阅读素材、进行实验演示、播放音频视频、设计角色表演、组织参观考察等各种手段和形式，在课堂教学过程的各个环节予以适当运用和呈现。

复合型教材对体现"创设情境、引入问题"环节，可以通过栏目的设置或者链接配套资源库，获得更好效果。

（二）组织活动、激发思维

围绕教学目标和具体内容，以学生为主体，设计和组织学生开展有针对性、适切性的各类学习活动，通过活动，引发对问题的思考和探究，激发思维，加强自主探索和自主发现的过程。关注学生的参与过程，也关注学生活动中的情感体验，让学生手脑并用亲自参与、亲身体验，从而获取直接经验，激发和活跃思维，促进学生学习的主动性、积极性。

在教学过程中，可以组织学生开展各种形式的学习活动，包括观察、实验、阅读、查资料、数据分析、参观、实践或比较、推理、讨论等。活动的主体是多元的，可以是学生个体，也可以是学生共同体或师生共同体等。活动的组织丰富多样，有个体的自主学习活动，学习小组间的合作学习活动，也有个人展示及生生、师生对话交流活动等。活动的设计需和思维过程相匹配，如可以在探究活动中实证积累的基础上予以归纳，也可以在演绎的基础上开展验证性的实验活动。但无论采取哪种形式和方法，都应该突出学生的核心位置，通过活动，奠定和发挥学生的主体地位，真正调动学生的主观能动性。

复合型教材对体现"组织活动、激发思维"环节，可以通过栏目的设置或者链接配套活动库、资源库等，获得更好效果。

（三）联系知识、明确本质

结合学生已有的概念和经验，呈现学科知识和发展脉络，提供解决问题的知识背景，通过融入情境、开展活动、发展联想和想象等形象思维，促进新旧知识之间非任意的实质性联系的建立，获得学科核心概念、本质内容和主要观点，并将前后知识加以衔接关联，明确其中蕴含的思想方法以及可培养学科素养的生长点。

在教学过程中，基于情境、结合问题、开展活动，将已有知识作为铺垫，对抽象的概念、原理、规律等基本知识和内容展开教学。其组织形式以教师讲授、学生阅读、思考练习、师生互动等为主。教师充分运用知识迁移的原理，在不断纠正、补充、完善前概念基础上，加强知识间的内在联系，加深内涵、拓展外延，使学生能够进一步明晰其本质属性，构建知识的基本结构，形成新的认知。

复合型教材对体现"联系知识、明确本质"环节，可以通过知识陈述，或辅以链接配套资源库（课件）、作业库等，达到有效目的。

（四）运用概念、解决问题

基于学生已经形成的初步概念、掌握的新知识，在一定条件下，进一步巩固基本知识，运用概念原理，建立科学模型，解决实际问题。让学生经历知识概念、方法能力形成的全过程，从中习得一定的思想方法，理解其中的逻辑关系。在运用概念解决问题的同时，积累经验，提升思维，形成自身的思想方法，最终提升学科核心素养和核心能力。

在教学过程中可以设计主题化、课题化的作业训练，通过模仿、迁移和运用所学的知识，借助整理、分析、归纳、比较、综合等方法，设计将思考显性化、可视化的工具，以有效解决实际问题；并进一步引导学生发现、提取新问题，再运用已提供的知识概念、辅以思考的台阶，从而去解决新的问题，以此往复，不断提升。教学中应注意将所思内容与后续要求相呼应，呈现结论的同时，应兼具开放性，建立知识的关联结构，并培养学术兼容的意识和品质。

复合型教材对体现"运用概念、解决问题"环节，可以通过例题、思考、练习等栏目，并链接配套作业库等，达到目标要求。

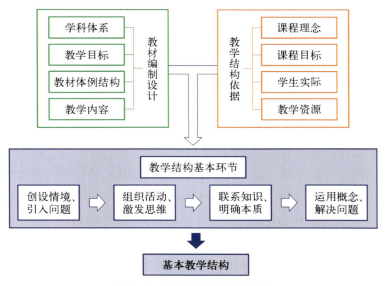

图2.18　基本教学结构示意图

七、教学结构示例

不同学科、不同教材,都具有基于本学科、本教材教学结构的隐性线索,能够反映出与本项目组提炼总结的基本教学结构整体匹配的情况,同时,各学科、各教材又具有其自身特点。项目组经过调查研究,提出以下思考:

第一,基于项目定位,本项目对教学结构的研究,不强调概念的精准描述和分类的精细定位,而是将重点落在教学结构在主要学科中常见环节和组合顺序的可行性实践研究,作为辅助工具为复合型教材的编制提供必要参考。

第二,设计的调查问卷特意隐去项目组对教学结构的指向性界定,而是力图通过开放的形式广泛了解教材主编、学科教研员对教学结构的理解和思考,不加以限制,避免提供隐含的信息使专家的视野受到局限。

第三,项目组主要针对高中阶段的学科教材进行调研,是为了保持与高中阶段教材修订工作接轨,为高中阶段教材修订提供参考性意见,做好教材编制的指导和服务工作。

第四,在教材主编、学科教研员调研基础上,由项目组集中讨论,梳理分析和提炼综合,形成初步研究成果,再拓展到出版社责任编辑参与研究本学科的教学结构,力图在专家意见和内部研讨形成成果的过程中,从呈现方式的可操作性以及内容的科学性、适切性等方面进行综合考量、检验、论证,以使最终成果具有参考和使用价值。

第五,本项目综合形成的基本教学结构研究成果,并不是唯一的标准,而是从现阶段教育教学实际出发,从当前的课程教育理念出发,从培养未来人才的角度出发,所呈现的一种最优选择。它将传统的讲授法与探究式教学法、情境教学法等相融合,综合各种教学方式的优势,形成在当前形势下具有一定普遍意义的概念和呈现形式。

第六,项目组提供的基本教学结构,还需要最终由复合型教材编制组进行资源、素材的嵌入与融合,体现复合型教材对于促进教学方式改变的优势,使之尽可能完美结合,从而更加有利于学生的学和教师的教。

根据不同学科、教材的特点,项目组根据组成人员和学科背景特点,从语言、数学、社会科学和自然科学等学习领域,主要对语文、英语、数学、历史、物理学科进行了深入研究,并形成相关示例。这些学科示例,是在对学科教学和教材编制整体研究的基础上,提炼相对典型的示例,体现和反映教学结构的构成要素、基本环节及逻辑顺序在相关学科中的设计架构。以下是将上述学科示例进行提炼汇总后呈现的基本信息:

表2.38　基本教学结构在不同学科中的示例

基本环节	组织和呈现形式	功能作用	示　例
创设情境、引入问题	通过音频、视频、文本资料等资源或实验等活动，结合师生相关活动，创设与主题内容相关、与学生生活相关，而又有一定新鲜度和陌生感的情境；从实际课堂教学的角度出发，情境的呈现形式可多样化，既可以是课的开始和导入，也可以穿插在课的中间以及课的结束，还可以贯穿于整堂课的全过程。	基于学生认知基础，结合学生生活实际，铺垫背景知识，唤起学生已有体验，引起学生阅读、探究等学习兴趣，引导学生独立感受和思考的求知欲望，激发学生持续的好奇心、内驱力。	• 语文：学生自由朗读诗歌，初步感受诗意；交流阅读感受。 • 英语：教师针对主题内容提问和展示相关场景；学生根据已有经验，交流相关的主题内容。 • 数学：教师设计应用驱动或逻辑驱动的相关问题。 • 历史：由历史故事或史料引出问题，问题指向课程内容的关键知识点。 • 物理：观察与主题内容密切相关的生活场景，提出问题加以思考、猜测或假设。
开展活动、激发思维	以个人思考、小组讨论、师生或生生活动等各种形式，通过分析和探讨等多重路径，重点让学生在看、听、讲、做的过程中，经历证据搜集、观察、比较、猜想、分析、概括、归纳、抽象、推理、演绎、建模等独立思考、自主探究和合作交流的过程，引导学生运用已有的知识和能力，对与主题相关的关键点进行思考、预测或假设、判断，把握文本内涵及其内在关系，找到合理解释的本质，反思从中获得的感受以及理解、解释的科学性。	重点在于通过各种活动的策划和设计，让学生经历学习和研究的一般过程，为学生提供丰富的过程性体验，使学生形成对文本、核心概念、原理定律等从形式到内容的整体感受，活跃思维，促进探究的内驱力和积极性，为后续的普遍联系和广泛应用奠定基础。	• 语文：思考或讨论、分析诗歌中的意象，探讨理解诗歌的路径。 • 英语：学生通过观察活动，口头预测阅读语篇的体裁、主题、观点等。 • 数学：开展剪切、拼接等动手活动，感受和思考问题的现实意义，阅读文本、思考分析。 • 历史：提供相应的知识背景及足以引发学生思考、能够解决问题的史料，采用陈述性表述解读背景知识，开展对史料的整理、分析、归纳、比较等活动。 • 物理：设计研究方案，开展实验活动，获得探究结果；搜集证据、提出假设。
联系知识、明确本质	借助结构式板书，采用演示与表述同步的方式或开展拓展阅读、实验、实践、练习等活动，结合课件进行直观展示；通过有层次的问题设计与展开，梳理知识的逻辑结构与学习方法的认知结构，抓住文本、核心概念、原理定律等关键之处，从意象入手解读其内涵，启发学生运用思维导图，将知识和信息进一步解析与整合，使碎片化的知识和信息结构化，提炼理解和分析问题的策略，把握其本质内涵，明晰各种学习方法，讨论归纳和引导形成学习的基本途径及论证方法，强化对于学习内容的认识、模仿及方法的迁移。	获取新知，并从中抽象出学习和研究对象的本质特征，概括形成属于自身的知识概念，形成对主题意义的完整认识，明确思想内容、作用意义等方面的价值，培养学生自主学习、质疑探究、交流表达的能力。	• 语文：拓展阅读，明晰阅读方法，讨论归纳阅读新诗的基本途径。 • 英语：教师提问和学生小组讨论并绘制思维导图，了解作者的观点和语篇的层次结构；通过小组合作对比口语和书面语不同的阅读策略，探究不同文体的语言特征；引导学生归纳不同文体的写作方法。 • 数学：在概念描述后，对相关内容再做梳理，提出深入研究的问题。 • 历史：借助结构式板书，采用演示与表述同步的方式，梳理历史知识的逻辑结构与学习方法的认知结构；借助呼应主旨与目标的作业设计，强化对于学习内容的认识及方法的迁移。 • 物理：对实验等资料充分论证后，学生互相交流，提炼出概念，总结出规律。

（续表）

基本环节	组织和呈现形式	功能作用	示　　例
运用概念、解决问题	以课堂练习或课后作业的方式，讨论和分析与主题相近且具有开放性的内容，形成新的认知理解，建立思想方法的模型，并应用新的知识和方法，通过模拟真实任务，解释情境中的现象或真实生活中的常见现象，进而走出课堂观察社会，延伸和拓展学习空间，引导学生发现、提取新问题，再将学习过程中获取的能力综合运用到解决实际问题、开放问题中。	巩固新的知识，且将其纳入前概念体系中，并运用融合提升的知识、能力解决相关问题，提升学生模仿、迁移的能力，体现学以致用的思想，培养学生对于学科的历史观、社会观和价值观。	• 语文：迁移、运用，发现意与象之间的关系，查找资料，对相关概念进行描述。 • 英语：举办一次相关主题的演讲比赛，学生在实际演练中获得体验和提升。 • 数学：学生通过不同素材和形式的例题练习，再次辨析所有涉及的概念，加深内涵理解，澄清易混淆的细节，从不同视角对概念进行梳理，实现多角度的认识。 • 历史：引导学生建立史学思想方法的模型，以进一步指向学生的模仿与迁移；引导学生发现、提取新问题，延伸和拓展学习空间，引发对于同一史料不同解释的思考以及同一事件不同史料的思考。 • 物理：应用概念或规律解释情境中的现象、解释生活中的常见现象、解决实际生活中的问题，并走出课堂观察社会。

相关学科的具体示例，详细展示了教学结构及其在学科教材、教学中的具体呈现，详见附录3—7。

八、其他形式的教学结构

教学结构虽然是相对稳定的结构，但也可以有其自身的个性与特色。实际教学过程中，完全可以根据内容要求和学生实际，进行设计和组织教学，以达成应有的培养目标。

（一）从思维方式培养角度切入的教学结构示例

通过化学学科常见的教学结构，从培养学生的思维方式层面，展示教学结构的基本环节和逻辑关系：

1. 探究—归纳

常见于有化学实验的教学内容，教学中一般先开展实验探究活动（也可能是文献探究等）。学生通过观察、记录等学习活动，可能通过多次实验获取信息，也可能在分组或分工合作的基础上，汇总众人的信息。在积累较多实证信息的基础上，进行分析归纳并得出结论。

例如：在"质量守恒定律"的教学中，可以先引导学生选择各种具有代表性的化学反应（考虑物质的气态、固态、液态等因素），对反应前反应物总质量和反应后生成物总质量分别进行称量，然后归纳出反应物总质量和生成物总质量的关系，最后得出质量守恒的结论。

2. 演绎—验证

常见于有化学实验的教学内容，学生先结合过去已有的知识或提供的相关信息，通过演绎获得一定的结论。然后设计相关化学实验，观察、记录实验现象和数据，并判断其与演绎所得结论的一致性。

例如：在"质量守恒定律"的教学中，先引导学生运用所学的原子、分子的相关知识，从原子重新组合，以及原子的种类和数目都没有发生改变的角度，得出化学反应中反应物总质量和生成物总质量相等的结论。然后通过选取具有代表性的化学反应（考虑物质的气态、固态、液态等因素），对反应前反应物总质量和反应后生成物总质量分别进行称量，验证得出结论的正确性。

3. 掌握—运用

通过教师讲授或者学生自己阅读等方式，掌握新的知识，并在一定的情境下巩固、运用知识。

例如：在"原子核外电子运动状态"的教学内容中，核外电子的运动状态和核外电子的排布规律由于比较抽象，不具备学生探究的条件。因此一般采用教师讲授的方式，然后通过类似"为什么第一电子层最多只能容纳2个电子，第二电子层最多只能容纳8个电子？"这样的问题引导学生巩固、运用知识。

4. 问题—解决

在学习或生活中的具体问题的引领下，明确问题的本质，联系相关化学知识，查阅相关资料，通过思考和实践，最终解决问题的学习过程。

例如："合成氨工业"内容的教学，可以先提出"工业合成氨如何才能'又快又多'？"的问题，学生通过运用已经学过的化学速率和化学平衡的知识，结合工业生产中设备、成本、能耗的具体要求，在各种矛盾取舍中，形成适宜的合成氨方法。这既是问题解决的过程，也是运用旧知识、形成新知识的过程。

以上1、2主要是从学生经历化学实验活动的角度提出的结构，3、4主要是从教与学方式的角度提出的结构。在实际的教学过程中，以上四种教学结构之间可能会存在嵌套现象。例如，"问题—解决"结构中，可能会存在"探究—归纳"结构，也可能会存在

"演绎—验证"结构。

（二）以项目式学习为背景的教学结构示例

"项目式学习"是通过基于项目和相关主题的真实活动，创设相关情境，使学生在解决一连串问题的过程中，自然地将所学知识应用在情境中。项目式学习不以项目制作为核心目的，项目制作只是载体，完成知识掌握和能力培养才是其价值取向，项目式学习强调培养学生在试图解决问题的过程中发展出来的技巧和能力，包括如何获取知识，如何计划项目以及控制项目的实施，如何加强小组沟通和合作等。

"项目式学习"教学结构如图2.19所示：

图2.19　"项目式学习"教学结构图

在"梳理项目任务边界"环节，首先教师或学生设定项目任务，然后学生针对某种实际需求提出某种可行的设计方案或制作相关作品。因为存在项目任务结构良好或结构不良的不同情况，所以需要学生对其条件与目标进行梳理，明确自己已经知道的事实、有什么假定、自己是否解决过与此相关的项目任务、学过哪些相关知识、查阅过哪些资料等。此环节能激发学生的学习兴趣与探究欲，学生需要自己明确项目任务的目标，并确定解决任务所需要的信息技能。

在"设计方案解决问题"环节，学生利用已经学过的知识设计出能解决问题的可行方案。此环节能巩固已学知识，提高学生融会贯通的能力，培养学生解决复杂综合问题的能力。

在"检测验证评价方案"环节，通过实验等方式评估方案的可行性及有效性，评价设计思想与方案之间的关联。此环节能提高学生分析、比较、辨析的能力，培养学生实事求是的科学态度。

在"反思研究调整方案"环节，学生需要反思自己的方案设计，观察其他同学对此问题的理解及解决方法，及时调整、优化自己的方案。此环节能培养学生再学习再生成的研究能力。

第四节
复合型教材编制的基本技术要求

为规范上海中小学数字教材实验项目中复合型教材的热点标识的设定以及复合型教材所包含的图片、音频、视频、动画等数字资源的格式，便于参与项目的教材出版社统一热点标识的设置以及数字资源的采集、加工、转换和保存，特制定复合型教材基本技术要求。

基本技术要求充分考虑不同热点标识的特点和适用性，各种类型数字资源的特点和对其进行数字加工的特殊性因素，在制定过程中尽可能直接引用和采纳国际上已经普遍应用的技术标准和规范。出版社可以在基本技术要求的基础上，根据教材的情况，灵活地运用技术手段，完成复合型教材的样章制作。

基本技术要求适用于本项目中复合型教材样章的热点标识以及所配套的文本、图形/图像、音频、视频、富文本、三维模型等数字资源的技术要求，以及从热点到内容的关联要求。未来可以根据情况进一步调整和完善复合型教材的基本技术要求。

基本技术要求建议复合型教材样章制作能够符合以下基本原则：

第一，热点标识的选取对于使用者有明确的指向性，但不影响教材版面内容的一致性和美观度。

第二，所有数字资源以单独文件形式存储，并按照相关规范来确定与复合型教材的链接。

第三，图片和音视频资源均经过授权。

第四，为了保证用户体验，以及学校应用环境的要求，数字资源在专用设备上的打开等待时间不应长于3秒。特殊原因，如因图形图像渲染或者资源下载的要求等待时间超过3秒时，建议有明确提示。

一、热点标识技术要求

（一）定义

热点是指纸质教材上用专用设备进行扫描可以打开相应内容链接的区域。热点应该是一个矩形区域，以矩形左上角的 *x*/*y* 轴坐标和矩形长宽进行数据标识。

（二）技术要求

1. 热点的矩形区域内可以包含条形码、二维码、图文内容、MPR码等内容。

2. 热点的矩形区域内应该包含引导用户使用的图标或者文字内容，并且该图标或文字内容必须在教材中保持一致。

3. 热点的矩形区域内包含的图文内容在单册教材中不能重复。

4. 热点区域可以重叠，但重合部分的比例不高于30%。

5. 单册教材中的热点应具有唯一的字符串标识。

6. 建议可以在无网络的情况下实现热点的识别。

（三）样例

1. 二维码

二维码可以编排在纸质教材正文页面的空白边款处，如图2.20所示：

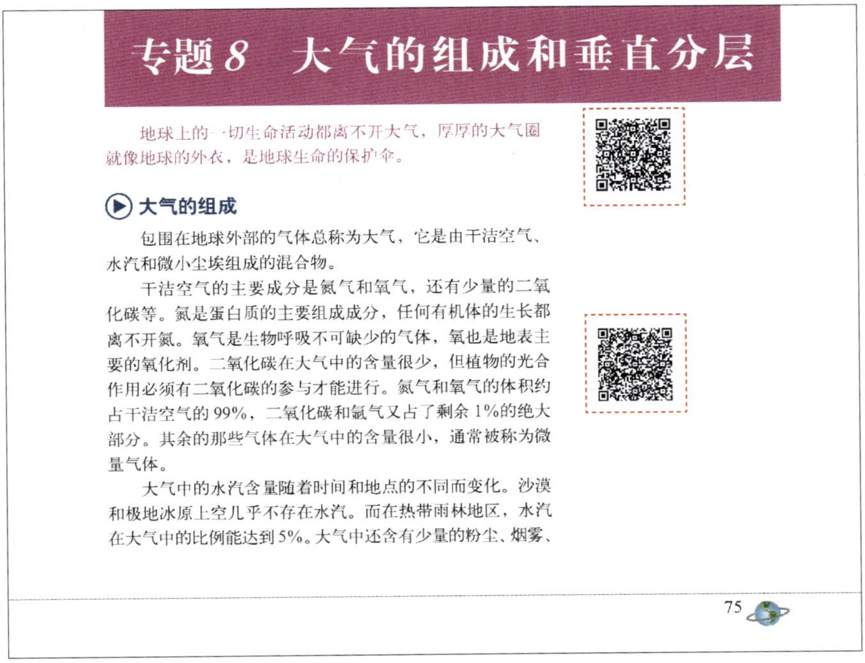

专题8　大气的组成和垂直分层

地球上的一切生命活动都离不开大气，厚厚的大气圈就像地球的外衣，是地球生命的保护伞。

大气的组成

包围在地球外部的气体总称为大气，它是由干洁空气、水汽和微小尘埃组成的混合物。

干洁空气的主要成分是氮气和氧气，还有少量的二氧化碳等。氮是蛋白质的主要组成成分，任何有机体的生长都离不开氮。氧气是生物呼吸不可缺少的气体，氧也是地表主要的氧化剂。二氧化碳在大气中的含量很少，但植物的光合作用必须有二氧化碳的参与才能进行。氮气和氧气的体积约占干洁空气的99%，二氧化碳和氩气又占了剩余1%的绝大部分。其余的那些气体在大气中的含量很小，通常被称为微量气体。

大气中的水汽含量随着时间和地点的不同而变化。沙漠和极地冰原上空几乎不存在水汽。而在热带雨林地区，水汽在大气中的比例能达到5%。大气中还含有少量的粉尘、烟雾、

75

图2.20　二维码样例

2. 图文热区

图文热区可以是纸质教材正文页面中某一个矩形区域，如图2.21所示：

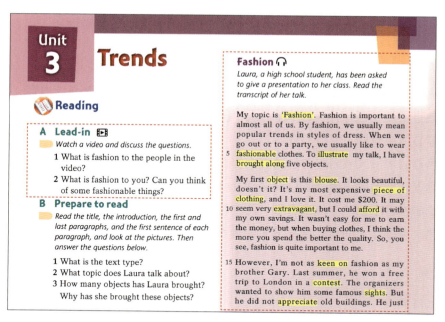

图2.21　图文热区样例1

也可以是编排在纸质教材正文页面空白边款的小图标，如图2.22所示：

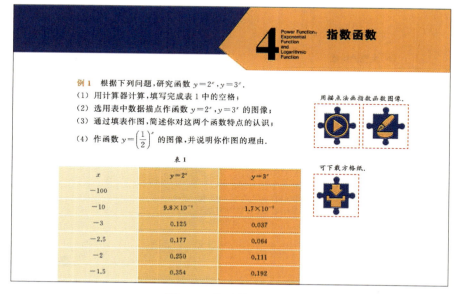

图2.22　图文热区样例2

3. MPR码

MPR码可以编排在纸质教材正文页码空白边款处，也可以衬在文字或图片的下方。

第30课 绥靖政策与"集体安全"的失败

德国毁约扩军

　　纳粹政权建立后，对内实施独裁，对外侵略扩张。1933年，希特勒以军备平等要求不能得到满足为由，相继退出裁军会议和国际联盟，摆脱了国际束缚。1935年，德国重建空军，并随即宣布实行普遍义务兵役制，公开撕毁《凡尔赛和约》的军事条款。1936年，德军进驻莱茵非军事区，未遭制裁，备受鼓舞。

　　在被称为纳粹扩张"蓝图"的《我的奋斗》中，希特勒曾经表示，德国的崛起需要对内"铸造神剑"，对外"寻觅朋友"。在此基础上，德国首先建立一个囊括中欧的"大

德军进驻莱茵区

图2.23　MPR码样例

二、内容编码要求

1. 内容编码应与热点标识的编码一一对应。
2. 内容编码应符合《复合型教材著录标引规范》。

三、数字资源内容与技术要求

　　各类数字资源采用国际通用标准和主流格式存储，能够在常用教学终端中流畅运行。每种类型数字资源的技术指标要求如表2.39至表2.44所示，表格中"属性"一栏为"M"的表示必须满足的技术指标，"O"表示建议满足的技术指标。

（一）文本资源

　　对教材内容以文字形式加以补充，如：背景资料、习题答案、解析等。

表2.39　文本资源内容与技术要求

要　　求	属性
文本格式为TXT	M
文本编码统一采用UTF-8编码	M

（二）图形/图像资源

对限于版面,无法在教材中呈现的图形/图像进行增补,如：局部图到全景图等。

表2.40　图形/图像资源内容与技术要求

要　　　求	属性
彩色图像颜色数不低于真彩（24位色）,灰度图像的灰度级不低于256级	M
扫描图像的扫描分辨率不低于150DPI,不高于600DPI	M
采用常见的存储格式,如JPG、PNG等	M
为保证图形/图像素材在屏幕上显示不失真,必须使用RGB模式	M

（三）音频资源

呈现课文内容的录音及补充音频资料,如：原版原式点读、点播,跟读、跟唱,语音识别等。

表2.41　音频资源内容与技术要求

要　　　求	属性
数字音频的采样频率不低于44.1 kHz,码流为128 kbits/s	M
量化级大于16位	M
声道数为双声道	O
采用MP3或者AAC存储格式	M
语音根据教学需要采用标准的普通话、美式或英式英语配音,特殊语言学习和材料除外；使用适合教学的语调	M
音频播放流畅,声音清晰,噪声低,回响小	M

（四）视频资源

根据教材内容需求补充的视频资源,如：实拍实验、微课、纪录片、动画、情景短剧等。

表2.42　视频资源内容与技术要求

要　　　求	属性
分辨率不低于640×480（480P）,推荐1280×720（720P）	M
视频的帧频数不小于25帧/s	M
视频的码流一般为1～3 Mb/s	M

（续表）

要　　　求	属性
视频集样使用Y、U、V分量采样模式,采样基准频率为13.5 MHz	M
视频的压缩格式应采用MPEG4或者AVC H.264	M
视频数据应封装成MP4格式	M
彩色视频素材每帧图像颜色数不低于256色	M
黑白视频素材每帧图像灰度级不低于128级	M
字幕要使用符合国家标准的规范字,不出现繁体字、异体字(国家规定的除外)、错别字;字幕的字体、大小、色彩搭配、摆放位置、停留时间、出入屏方式力求与其他要素(画面、解说词、音乐)配合适当,不能破坏原有画面	M
音频与视频图像有良好的同步,音频部分应符合音频素材的质量要求	M

（五）交互性富文本资源

根据教材内容扩展的具有一定交互性的图文混排的富文本资源内容。

表2.43　富文本资源内容与技术要求

要　　　求	属性
采用HTML5格式	M
包含的文字、图形/图像、音频和视频的格式要求同本章的技术要求	M

（六）三维模型资源

通过增强现实技术进行虚拟实践,以丰富学生学习经历和体验,提升教学成效,如：练习、游戏、实验、三维模型等。

表2.44　三维模型内容与技术要求

要　　　求	属性
3DS与Maya的中间交换格式,支持静态模型(OBJ格式)或动态模型(FBX格式)	M
背景清晰自然,与整个动画风格一致	M
三维模型真实合理,无锯齿,无冗余多边形	M
精细程度适度,主次分明,避免过分强调细节	M
尽量少用曲面建模,降低动画的数据量,且模型面数有一定的要求(小于100万面)	O

要　　　求	属性
尽量采用纹理映射方式,降低动画的数据量	O
采用符合人视觉习惯的标准镜头	M
镜头组合合理,符合人的生活习惯	M
光线合理逼真,符合现实生活,保持影调一致,合理运用不同景别的光	M
三维模型播放的过程中应配以语音讲解、文字、图片等内容	O
文字清晰,采用简体字及常用字体,字体及字体样式均不超过3种	M

第三章
复合型教材建设的实践

第一节

复合型教材样章的总体说明

复合型教材样章编制是复合型教材建设的试验实践。样章编制组从上海"二期课改"现有的六套纸质教材中各挑选一章，按照《〈复合型教材编制方案〉的设计规范》的要求编制复合型教材样章。复合型教材样章充分体现复合型教材的特点，强调复合型教材的教学引导作用，突出纸质教材和数字资源相辅相成的作用，共同提供立体化的学习材料，优化学习体验。

样章编制组对照《〈复合型教材编制方案〉的设计规范》撰写《复合型教材样章编制方案》，梳理教材内在结构、逻辑关系、内容选取，考虑师生的需求，确定数字资源的内容与呈现形式，在此基础上搭建平台或资源库，制作应用程序和相关数字资源，实现教材的立体化。

根据项目研究需要，力求放开思路，不限制各样章数字资源的数量、形式和载体。根据教材编制需要，六个样章分别探索了不同学科复合型教材的内容与形式，进行多种尝试，为未来复合型教材的建设提供可借鉴的宝贵经验。

一、编制思路

根据《国家中长期教育改革和发展规划纲要（2010—2020年）》和《上海市中长期教育改革和发展规划纲要（2010—2020年）》的要求，在对国内外教材进行反复比较、研究并认真研读高中《课程标准》《教学基本要求》和《基本教学结构的研究》的基础上，确定复合型教材样章的编写思路。

贯彻育人为本、立德树人的理念，遵循教育规律和学生成长规律，把纸质教材、数字技术、数字资源多方位、多层次地落实到教育教学全过程，打牢学生成长的共同基础，满足学生不同学习需要，提高学生综合素质，着力发展学科核心素养，全面落实高中《课程标准》的培养目标。

第一，以习近平新时代中国特色社会主义思想为指导，全面贯彻党的教育方针，全面落实上海市中长期教育规划纲要，落实立德树人根本任务，发展素质教育，力求满足学生终身学习和发展的需要，为造就适应现代社会需要的高素质人才奠定基础。

第二，以高中《课程标准》和《教学基本要求》为依据，在充分体现高中课程基本理念、目标和内容要求的基础上，全面落实课程目标，注重学生的过程性体验技能，符合学生的认知水平，使学生受到科学方法、科学态度和科学精神的熏陶，从而提高学生的学科核心素养。

第三，依据本书第二章第三节《基本教学结构的研究》，在复合型教材中体现科学、合理的教学结构。在学生已有认知水平基础上，通过提供多样化的学习方式，培养学生的探究精神与创新意识，便于学生自主学习、个性化学习，为不同学生的发展奠定基础。

第四，进行数字化加工，制作配套数字资源。同时，用数字标识技术（如二维码等）在纸质教材上进行热点标识，让终端可以通过其获取相应的数字资源。优质的数字资源是要丰富学生学科认知的过程性体验，突出学生的主体地位，发展学生的自主学习能力、良好的思维习惯以及运用各种科学方法解决问题的能力。

二、编制流程

复合型教材样章编制流程主要包括制定《编制方案》、编写与完善样章的纸质部分与数字资源部分、制作样章的纸质部分与数字资源部分、编辑加工与校对、集成与测试等五个阶段。编制流程从分析教师和学生的需求出发，确定样章的《编制方案》要点，再根据《编制方案》编写纸质部分内容和设计数字资源内容，然后分头对纸质部分内容进行排版和制作数字资源。编辑加工与校对是保证教材质量的关键，对复合型教材样章而言同样如此。最后，所有样章进行了质量检测。为了研究和探索标引内容及实现要求，六个样章中的两个样章添加了标引。

图3.1　复合型教材样章编制流程图

（一）制定《编制方案》

在责任编辑的协助下，复合型教材样章主编组织编写研讨会，与纸质部分的编写人员和数字资源的编写人员充分讨论与沟通，确定《编制方案》，明确数字资源内容的编制要求。

（二）编写与完善样章

在责任编辑的协助下，复合型教材样章主编组织编写人员撰写样章纸质部分，同时组织数字资源的编写人员撰写样章数字资源部分的稿本。样章编制组召开沟通会，根据需要进行内容调整。

（三）制作样章

1. 责任编辑整理样章原稿及相关的电子文档（包括但不限于文字、录音、图片或影像），并全部或分批次交付技术编辑用于制作。

2. 经过样章编制组的讨论沟通，责任编辑与技术编辑确定复合型教材样章的技术实现方案。

3. 排版人员进行样章纸质部分制作。技术编辑或受委托的技术公司进行技术实现。责任编辑主动与编制组、技术编辑进行沟通，解答疑难问题，掌握制作进度。

（四）编辑加工与校对

1. 主编、编写人员、责任编辑通读样章纸质部分，审阅数字资源，提出修改意见。在样章编制组确认全部教材样章内容之后，出版社执行三审三校制度，经责任编辑初审，编辑部主任复审，总编三审，对样章纸质部分校样和数字资源进行编辑加工，并进入后续制作流程。

2. 主编、编写人员、责任编辑、技术编辑共同对复合型教材样章的制作成品进行审读并讨论，对不合适的内容和形式加以调整，重新制作。

责任编辑对数字资源进行审读时，对与设计思路不符等新情况及时与技术编辑和编制组沟通解决。审读内容除文字、图片、版式等内容外，还审核搭载数字资源的应用程序是否流畅运行、交互功能是否执行顺利、音视频资源是否流畅播放、多媒体资源与文字内容是否恰当匹配等。

责任校对忠于样章原稿，逐一核对校样，消灭排版上的错误，并发现原稿中存在的各种差错或不妥之处，提出质疑，由责任编辑解决，从体例、格式等方面进行文字技术检查和教材校样整理。

（五）集成与测试

样章编制组在完成样章编制之后进行质量检测，核查教材内容和编校质量，检测数字资源的技术实现。

高中《物理》和高中《英语》（牛津上海版）样章编制组在完成样章编制之后，还根据标引研究组提供的标引工具对样章进行标引，并输出能够初步实现样章自查与检测的检核工具表。具体请参阅《复合型教材标引研究与实践》一书。

三、数字资源开发思路

复合型教材样章的编制是基于纸质教材内容提供更多拓展的数字资源，从而让教材具备更多的功能和使用价值。因此数字资源开发的主要思路是：

第一，依据教学内容需要，从学生与教师的需求出发，精选对学生有用且适合以数字化形式呈现的内容资源。

第二，关注学科结构与教学结构的结合，落实项目组对基本教学结构的研究成果，体现教学引导作用。

第三，关注学习过程，加强学生的过程性体验，提供更多的选择和发展空间，实现纸质教材难以实现的功能。

第四，关注学习时空，加强即时反馈和个性化资源的补充，提高学习成效。

四、技术方案分析

样章编制组研究了不同学科复合型教材数字资源的格式与技术参数要求，包括文本、图形/图像、音频、视频、交互性富文本以及三维模型/动画。

样章编制组初步探索了各种技术方案的可用性、适用性以及教材审查和出版流程的要求。其中，数字资源的识别技术共探索了图像识别、二维码识别和MPR码识别三种形式。各样章使用的热点标识包括图片（图文热区和小图标）、二维码和MPR码。

表3.1　复合型教材样章技术方案表

学科教材	出 版 社	热点标识	识别技术
高中《物理》	上海科学技术出版社	图片（图文热区）	图像识别（摄像头）
高中《数学》	上海教育出版社	图片（小图标）	图像识别（摄像头）
高中《英语》(牛津上海版)	上海教育出版社	图片（图文热区）	图像识别（摄像头）
高中《英语》(新世纪版)	上海外语教育出版社	二维码	二维码识别（摄像头）
高中《历史》	华东师范大学出版社	MPR码	MPR码识别（专用设备）
高中《地理》	中华地图学社	二维码	二维码识别（摄像头）

在二维码、MPR码和图像识别的三种技术方案中,热点标识都可以转换为唯一且固定的编码,并最终一一对应数字资源。

图像识别的热点标识是通过摄像头或者专用设备识别。图片在进行图像识别时,需要与本地保存或在服务器端的图片库进行比对,因此采用图像识别技术的样章需要连接互联网。

二维码和MPR码都是成熟的解决方案,但是需要在纸质教材上印刷二维码或MPR码,在教材出版流程、教材版面美观以及是否需要使用专用设备等方面有特别要求。

综上所述,无须在纸质教材中嵌入编码的图像识别技术,在教材版面的美观度、未来技术发展的整体趋势以及与教材出版的无缝衔接上具有优势。因此,基于AR技术的图像识别技术更适合复合型教材的建设。

扫描二维码,
观看复合型教材数字故事

第二节
复合型教材样章

一、高中《物理》教材样章

（一）样章内容

高中《物理》（高二年级第二学期）"电磁感应　电磁波"

（二）编制思路

高中《物理》样章根据学科教学结构的研究成果，借鉴国际、国内关于数字教材探索与实践的经验，结合物理学科的特点配备数字资源，重点体现科技发展、核心概念的呈现及作业的指导等；呈现形式上包括图片、视频、交互课件、3D模型和动画等，努力体现现代化、人性化和多样化，当然，同时也力求符合学生的认知水平。

（三）热点标识

样章的纸质部分在配置数字资源内容的位置呈现如下统一标识，以提示学生和教师扫描该标识附近的图片或文本。

（四）应用技术

采用图像扫描识别技术展现数字资源，这是基于无标识增强现实技术（MAR），实现"纸质教材+数字教育资源"的完整融合。学生和教师可使用安装在移动设备（安卓或iOS系统）的APP应用，用设备的摄像头扫描样章纸质部分相关标识附近的图片或文本，在设备的显示屏上即能呈现相应的数字资源。MAR图像识别响应迅速，并且扫描时无须精准定位。

（五）编制团队

高中《物理》复合型教材样章由上海科学技术出版社编制，上海师范大学附属中学特级教师张越、华东师范大学徐在新教授任主编，上海交通大学高景教授、进才中学特级教师王肇铭、徐汇区教师进修学院正高级教师桑嬿任副主编，上海科学技术出版社李林高副编审策划，陈慧敏副编审、曾文副编审组织管理，责任编辑张燕，技术编辑陈栋才。

（六）高中《物理》教材样章数字资源示例

扫描二维码获取完整样章，并可观看介绍视频

感应电流的方向　右手定则

据报道，1992年和1996年科学家在航天飞机上分别进行了一项卫星悬绳发电实验，取得了部分成功。实验是这样进行的：从航天飞机上释放一颗卫星，卫星与航天飞机之间用导电的缆绳相连，这种卫星称为绳系卫星（图11-11）。绳系卫星随航天飞机在太空中一起沿地球的东西方向（与地磁感线方向垂直）飞行。根据理论设计，导电缆绳中可产生约3 A的感应电流（导电缆绳两端物体通过向空间放电形成电流）。

那么，导体在磁场中运动时也会有电磁感应现象吗？如果这颗绳系卫星在赤道上空由西向东，或由东向西飞行，在这两种情况下，导电缆绳上电流方向相同吗？

图 11-11

❓ 导体做切割磁感线运动时，能否产生感应电流？

1. 导体切割磁感线时的电磁感应现象

按图11-12所示，在蹄形磁铁的磁场中悬挂一根直导线AB，导线跟灵敏电流计相连接，组成一个闭合回路。让直导线在磁场中沿不同方向运动，观察灵敏电流计的指针的偏转情况。

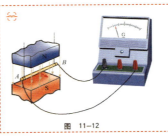

图 11-12

由实验现象可知，当闭合回路中部分导体在磁场中运动并切割磁感线时，会有感应电流产生。如果导体沿磁场方向运动，灵敏电流计的指针不发生偏转。

闭合回路中部分导体做切割磁感线运动时，有感应电流产生。

①

扫描二维码可观看数字资源

8

① 此处设计了交互模拟实验课件，学生可在移动设备上通过连线、交换磁极方向、移动导体等操作，并观察灵敏电流计，以探究感应电流方向。帮助学生加深理解，得出结论。

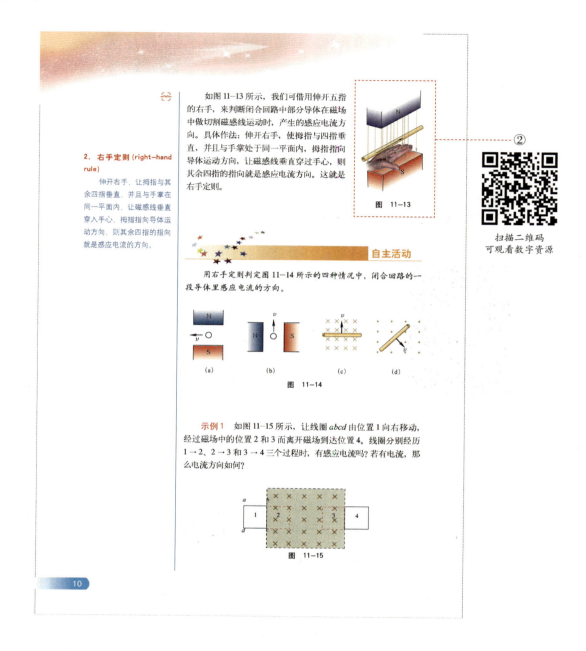

如图11-13所示，我们可借用伸开五指的右手，来判断闭合回路中部分导体在磁场中做切割磁感线运动时，产生的感应电流方向。具体作法：伸开右手，使拇指与四指垂直，并且与手掌处于同一平面内，拇指指向导体运动方向，让磁感线垂直穿过手心，则其余四指的指向就是感应电流方向。这就是右手定则。

2. 右手定则 (right-hand rule)

伸开右手，让拇指与其余四指垂直，并且与手掌在同一平面内，让磁感线垂直穿入手心，拇指指向导体运动方向，则其余四指的指向就是感应电流的方向。

②

扫描二维码
可观看数字资源

自主活动

用右手定则判定图11-14所示的四种情况中，闭合回路的一段导体里感应电流的方向。

(a)　(b)　(c)　(d)

图 11-14

示例1 如图11-15所示，让线圈 *abcd* 由位置1向右移动，经过磁场中的位置2和3而离开磁场到达位置4。线圈分别经历1→2、2→3和3→4三个过程时，有感应电流吗？若有电流，那么电流方向如何？

图 11-15

10

② 纸质教材只能通过图文结合的方式描述右手定则，但是部分同学理解并应用右手定则有一定难度。本样章通过3D模型动画，展示右手定则判断感应电流方向的方法，更加直观，有助于学生对核心概念的理解。

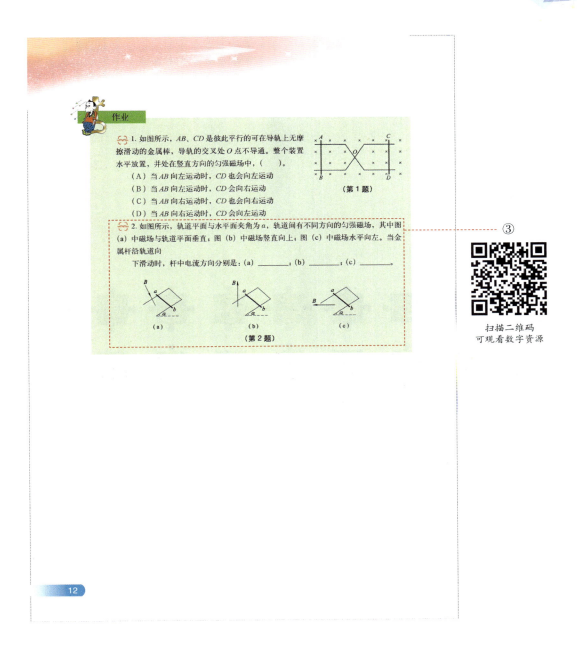

作业

1. 如图所示，*AB*、*CD* 是彼此平行的可在导轨上无摩擦滑动的金属棒，导轨的交叉处 *O* 点不导通。整个装置水平放置，并处在竖直方向的匀强磁场中，（ ）。

（A）当 *AB* 向左运动时，*CD* 也会向左运动

（B）当 *AB* 向左运动时，*CD* 会向右运动

（C）当 *AB* 向右运动时，*CD* 也会向右运动

（D）当 *AB* 向右运动时，*CD* 会向左运动

（第1题）

2. 如图所示，轨道平面与水平面夹角为 α，轨道间有不同方向的匀强磁场，其中图 (a) 中磁场与轨道平面垂直，图 (b) 中磁场竖直向上，图 (c) 中磁场水平向左。当金属杆沿轨道向下滑动时，杆中电流方向分别是：(a) _____；(b) _____；(c) _____。

(a)　　　　　　(b)　　　　　　(c)

（第2题）

③

扫描二维码
可观看数字资源

12

③ 通过多媒体手段，提供解题思路和方法，引导学生规范解决问题。

二、高中《数学》教材样章

（一）样章内容

高中《数学》(高一年级第一学期)"指数函数图像与性质"

（二）编制思路

高中《数学》样章编制根据学科教学结构的研究成果，结合传统教材的调研结果和教研团队的实际教学经验，在原上海"二期课改"教材的基础上进行适度改编，使得内容更加符合目前的教育、教学要求。呈现形式主要为文本、图片、视频（动画）、交互资源、评测等。

（三）热点标识

数字资源链接标识是以一个个简洁美观的图标形式呈现在页面边款中，通过手持阅读器扫描图标得到相应的内容。

图3.2　高中数学数字资源图标

（四）应用技术

采用图像扫描识别技术展现数字资源，这是基于跨平台计算机视觉库（OpenCV），实现"纸质教材+数字教育资源"的完整融合。学生和教师可使用内置在移动设备（iOS系统）的APP应用，用设备的摄像头扫描纸质样章中特定的图标，在设备的显示屏上即能呈现相应的数字资源。OpenCV图像识别响应迅速，并提供Python, Ruby, MATLAB等语言的接口，实现了图像处理和计算机视觉方面的多种通用算法。

（五）编制团队

高中《数学》复合型教材样章由上海教育出版社编制，上海中学正高级教师况亦军任主编，上海市位育中学中学高级教师苏发银和上海中学贺谊浩策划，上海教育出版社周怡副编审、张莹莹组织管理。责任编辑赵海燕副编审、张莹莹、缪麟，技术编辑周丹妮、纪冬梅。

扫描二维码获取完整样章，并可观看介绍视频

（六）高中《数学》教材样章数字资源示例

4.2 Sketches and Properties of Exponential Functions
指数函数的图像与性质

2 Exponential Functions
指数函数

4.2 Sketches and Properties of Exponential Functions
指数函数的图像与性质

扫描二维码
可观看数字资源

为什么要规定指数函数的底数$a>0$且$a\neq1$？

2的$\sqrt{2}$次方是什么？

某种细胞分裂时，由 1 个分裂成 2 个，2 个分裂成 4 个，……，1 个这样的细胞分裂 x 次后，得到的细胞个数 y 与 x 的函数关系的解析式是 $y=2^x$.

在这个函数中，自变量 x 作为**指数**（exponent），而**底数**（base）2 是常数.

一般地，函数 $y=a^x,x\in\mathbf{R}\,(a>0$ 且 $a\neq1)$ 叫做**指数函数**（exponential function），其中 x 是自变量，函数的定义域是 $\mathbf{R}$.

我们知道，当 x 是有理数时，$a^x\,(a>0$ 且 $a\neq1)$ 有完全确定的意义；而当 x 是无理数时，也可以规定 a^x 的意义.例如，对于无理数 $\sqrt{2}$，取它的不足近似值：

$$1,1.4,1.41,1.414,1.4142,\cdots$$

于是相应地有

$$a^1,a^{1.4},a^{1.41},a^{1.414},a^{1.4142},\cdots$$

可观察到它逐渐地趋近于一个常数，这个常数就规定为 $a^{\sqrt{2}}$.取 $a=2$，用计算器计算，可以看到 $2^{\sqrt{2}}$ 越来越精确的近似值.指数从有理数推广到实数后，可以证明指数的运算法则仍成立.即

$$a^x\cdot a^y=a^{x+y}(a>0,x,y\in\mathbf{R})\,;$$
$$(a^x)^y=a^{xy}(a>0,x,y\in\mathbf{R})\,;$$
$$(a\cdot b)^x=a^x\cdot b^x(a>0,b>0,x\in\mathbf{R})\,.$$

目前，我们还难以用解析法来研究指数函数的性质.下面仍用图像法来研究几个具体的指数函数，从中体会出的一般指数函数的性质.

2

① 通过一个细胞分裂过程的视频，引出本节学习内容——指数函数。

4 Power Function, Exponential Function and Logarithmic Function **指数函数**

例1 根据下列问题,研究函数 $y=2^x$,$y=3^x$.

(1) 用计算器计算,填写完成表1中的空格;

(2) 选用表中数据描点作函数 $y=2^x$,$y=3^x$ 的图像;

(3) 通过填表作图,简述你对这两个函数特点的认识;

(4) 作函数 $y=\left(\dfrac{1}{2}\right)^x$ 的图像,并说明你作图的理由.

用描点法画指数函数图像.

可下载方格纸.

扫描二维码
可观看数字资源

扫描二维码
可观看数字资源

表1

x	$y=2^x$	$y=3^x$
−100		
−10	9.8×10^{-4}	1.7×10^{-5}
−3	0.125	0.037
−2.5	0.177	0.064
−2	0.250	0.111
−1.5	0.354	0.192
−1	0.500	0.333
0		
1	2.000	3.000
1.5	2.828	5.196
2	4.00	9.00
10		
100		

解 (1) 计算得表中空格的数据见下表(表2).

表2

x	$y=2^x$	$y=3^x$
−100	7.9×10^{-31}	1.9×10^{-48}
0	1	1
10	1024	59049
100	1.3×10^{30}	5.2×10^{47}

3

② 例题示范,以编写教学课件为思路,对例题教学的过程起到示范作用。

③ 学具下载,给学生提供画图的方格纸,规范学生的画图习惯。

4 Power Function, Exponential Function and Logarithmic Function　指数函数

（续表）

年份	x(年)	甲国人口数(千)	乙国人口数(千)
2005	5	83 874	85 579
2006	6	85 551	86 777
2007	7	87 262	87 992
2008	8	89 007	89 224
2009	9	90 788	90 473

分别描点作图,如图 5 所示.

从图 5 可以看到,经过约 9 年,甲国的人口数超过乙国的人口数

探究
· 用科学型计算器的 table 功能,计算指数函数或幂函数的函数值.

· 报纸很薄,如何用直尺测量其厚度?

· 观察指数函数 $f(x)=a^x(a>1)$ 与二次函数 $g(x)=x^2$ 的大致图像,你认为它们可能会有几个公共点?

阅读
有关国际象棋起源的传说

练习 4.2(2)

1. 用计算器计算下列 a、b、c、d、e 的值:(精确到 0.01)
$$a=7^2,\ b=7^{2.25},\ c=7^{2.5},\ d=7^{2.75},\ e=7^3$$
（1）求 b 与 a、c 与 b、d 与 c、e 与 d 的差,这些差说明了什么?
（2）求 b 与 a、c 与 b、d 与 c、e 与 d 的比值,这些比值又说明了什么?

2. 设实数 $a>0$,函数 $f(x)=a^{2-x}+1$ 图像上的点 P 的坐标与 a 的取值无关,求点 P 的坐标.

3. 探测某片森林知道,可采伐的木材有 10 万立方米,设森林可采伐木材的年平均增长率为 8%,经过 x 年可采伐木材有 y 立方米.
（1）写出 y 与 x 间的函数解析式,并作出它的图像.
（2）经过多少年,可采伐的木材增加到 40 万立方米?
（3）写出一个关于 $f(u) \div f(v)$ 类似上式的等式,并证明你的结论.

8

④ 扫描二维码可观看数字资源

⑤ 扫描二维码可观看数字资源

④ 每堂课结束时通过交互式评测系统对学生的学习情况进行简单检测。

⑤ 通过一则数学故事,引发学生的学习兴趣,体现指数函数在社会生活中的应用,增强数学应用及增加学生的社会体验和社会责任感。

三、高中《英语》(牛津上海版)教材样章

(一) 样章内容

高中《英语》(牛津上海版)(高二年级第一学期) Trends

(二) 编制思路

高中《英语》(牛津上海版)样章根据学科教学结构的研究成果,借鉴国际、国内关于数字教材探索与实践的经验,结合英语学科的特点配备数字资源,关注学生英语学习的规律、过程和需求。呈现形式上包括视频、音频、文本等,努力实现课程内容现代化、人性化和多样化,并符合学生的认知水平。

(三) 热点标识

在纸质样章中,我们在配置了数字资源的内容的右上角放置标识,以提示教师和学生扫描该标识附近的图文热区。标识有以下几种:

视频资源

音频资源

文本资源

(四) 应用技术

对数字资源的展现,我们采用了图像扫描识别技术,这是基于无标识增强现实技术(MAR),实现"纸质教材+数字教育资源"的完整融合。学生和教师可使用安装在移动设备(安卓或 iOS 系统)的 APP 应用,用设备的摄像头扫描纸质样章中特定的图片或文本内容,在设备的显示屏上即能呈现相应的数字资源。MAR 图像识别响应迅速,并且扫描时无须精准定位。

(五) 编制团队

高中《英语》(牛津上海版)复合型教材样章由上海教育出版社编制,上海教育出版社程林编审主编,上海教育出版社黄艳副编审、吕晔、戴嘉子、赵柳松副编审,牛津大学出版社(中国)有限公司英语教材编写委员会编写。责任编辑为黄艳、吕晔,技术编辑为戴嘉子。

扫描二维码获取完整样章,并可观看介绍视频

（六）高中《英语》（牛津上海版）教材样章数字资源示例

brought this blonde wig to show you. It belongs
30 to one of my mum's friends. In the 1960s, these
were very fashionable. But a few years later
fashions changed, and women wore wigs much
less often. Many wig factories closed down, and
hundreds of workers lost
35 their jobs, which was terrible!

Fashion can affect the natural
world, as well. I'm holding
an old hat borrowed from a
drama company. It's made of
40 beaver fur. These hats were
very fashionable about 200 years ago. As a
result, beavers almost became extinct. Luckily,
in the 1850s, these hats went out of style and
the beavers were saved.

45 Finally, we should remember the saying, 'Never
judge a book by its cover'. Clothes will not
make us more or less clever, better or worse,
more or less honest. I once saw a movie about
Mother Teresa. She spent all her life helping
50 poor people in India, most of whom were dying.
In 1979, she was awarded the Nobel Prize for
Peace. When she flew to Sweden to get the
award, she wore the same
old clothes as usual, and
55 carried all her possessions in
a little bag like this, which
I bought in a market. This
reminds us that fashion
is not the most important
60 thing in life.

Thank you.

Supporting details
Laura bought an expensive and beautiful blouse.

2 *Answer the following questions using the information in the transcript.*

1 What do people usually define fashion?

2 What two examples in the transcript show that fashion often changes?

3 What does Laura think is more important than fashion?

C2 Vocabulary building

Words that are both verbs and nouns

1 Can you tell the meaning of the italicized word in each sentence below and what part of speech it is?
- *Changes* in fashion can create or ruin jobs.
  But a few years later fashions *changed*, and women wore wigs much less often.
- In 1979, she was *awarded* the Nobel Prize for Peace.
  When she flew to Sweden to get the *award*, she wore the same old clothes as usual.

2 Can you find more similar words in the article? List what parts of speech they are and their meanings, and then make sentences with them.

C3 Further thinking

Choose one of the following viewpoints and discuss your opinion about it with your classmates.
- Pursuing fashion is a waste of time and money.
- Fashion affects the natural world in a negative way.
- Fashion is not the most important thing in life.

①

扫描二维码
可观看数字资源

3

①　本页为阅读（Reading）板块的第二页。此处是配套读后活动（Further thinking）的文本类数字资源，即支持本活动中观点的论据的表达。这些表达可供学生在阐述自己的看法时参考，为他们开展活动提供了语言支持。

② 本页为口语（Speaking）板块。此处为口语活动的真人示范视频和文本。学生可通过观看视频，模仿视频中学生口语表达时的语音、语调、神情和肢体语言等。文本可供学生在生成自己的表达内容时参考。

New words and expressions

Reading 🎧

fashion /ˈfæʃn/ *n.* the popular style of clothes and hair at a particular time　时尚

fashionable /ˈfæʃnəbl/ *adj.* following a style that is popular at a particular time　时尚的

illustrate /ˈɪləstreɪt/ *v.* to make (something) clearer by using an example　说明；阐明

bring along to carry with you　带来

object /ˈɒbdʒɪkt/ *n.* a thing that can be seen or touched　物品；物件

blouse /blaʊz/ *n.* a woman's shirt　女衬衫

a piece of clothing an item that someone wears　一件衣服

extravagant /ɪkˈstrævəgənt/ *adj.* spending more money than seems necessary　奢侈的

afford /əˈfɔːd/ *v.* to have enough money to buy (something)　买得起

be keen on to like very much　对……着迷；喜爱

contest /ˈkɒntest/ *n.* a competition where people try to win something　竞赛；比赛

sight /saɪt/ *n.* a famous place often visited by tourists　名胜；观光地

appreciate /əˈpriːʃieɪt/ *v.* to recognize the good qualities of (someone or something)　欣赏

search for to attempt to find (something)　寻找

cool /kuːl/ *adj.* [*informal*] something very fashionable　酷的

trainers /ˈtreɪnə(r)z/ *n.* [*pl.*] shoes worn informally or for sports　（复数）运动鞋

ruin /ˈruːɪn/ *v.* to destroy something or make it lose all value　使毁灭；毁坏

blonde /blɒnd/ *adj.* (of hair) yellow or golden　（人的毛发）亚麻色的；金黄色的

wig /wɪg/ *n.* artificial hair worn on the head to cover someone's own hair or a place that is bald　假发

close down (of a business or factory) to stop operating　关闭；停业

affect /əˈfekt/ *v.* to influence　影响

beaver /ˈbiːvə(r)/ *n.* a kind of animal with a flat tail and strong teeth　海狸；河狸

fur /fɜː(r)/ *n.* animal hair　（动物的）毛

extinct /ɪkˈstɪŋkt/ *adj.* (of a type of animal or plant, etc.) no longer in existence　绝种的；灭绝的

go out of style to be no longer fashionable　不再流行

saying /ˈseɪɪŋ/ *n.* a well-known statement that expresses something believed as wise and true
　　格言；警句；谚语

③

扫描二维码
可观看数字资源

12

③　本页为阅读语篇生词表。此处为单词朗读音频和单词卡，帮助学生掌握正确的
单词发音。

四、高中《英语》(新世纪版)教材样章

(一)样章内容

高中《英语》(新世纪版)(高二年级第一学期)The Environment

(二)编制思路

高中《英语》(新世纪版)样章编制结合当前数字化教学环境特点以及教师和学生的实际需求、使用偏好和用户体验,对原教材内容进行了重新设计——利用在纸质教材上埋置数字标识技术(如二维码)嵌入各种练习、图片、音视频、超链接等学习交互对象,并配备丰富的作业和测试资源等,构建出一个覆盖课前、课中、课后,包括课程、作业、测试等整个学习过程在内的立体化教学资源库平台。数字资源呈现形式主要有音频、视频、图片和文字。学习者通过平台学生端,可完成课前、课中、课后的个性化学习;教师通过平台教师端,可跟踪学生的学习活动并获得丰富的学生学习情况统计和分析报告,从而有利于确定学生的知识掌握情况及课堂教学重点,还可借助平台功能实现有效的教学互动以及教师间课堂教学经验的分享。

(三)热点标识

本样章采用二维码作为热点标识,扫描二维码即可观看数字资源。

(四)应用技术

学习者可通过手机软件的"扫一扫"功能,扫描纸质图书中的二维码,即可获取相应的数字资源。特色功能包括单词卡背诵、笔记标注和词典功能。

(五)编制团队

高中《英语》(新世纪版)复合型教材样章由上海外语教育出版社编制,上海外国语大学束定芳教授任主编,同济大学王蓓蕾副教授任副主编,上海外语教育出版社张宏编审策划,朱翊、韩天霖副编审组织管理,责任编辑刘璟、陈菊、武泽明,技术编辑顾奕。

扫描二维码获取完整样章,并可观看介绍视频

（六）高中《英语》（新世纪版）教材样章数字资源示例

① 操作简单，"扫一扫"二维码，即可进入平台学习。点击"播放"键，获得视频资源。点击耳机标识，获得音频资源。点击问号标识，获得补充信息。

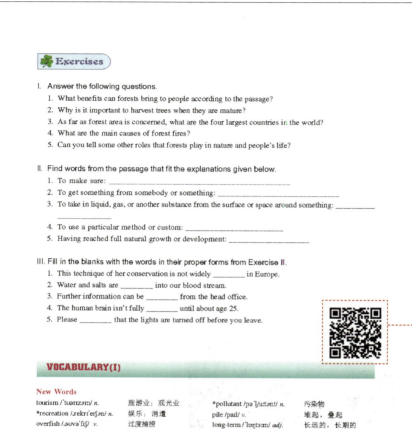

② 设置多种学习功能,用于积累词汇、巩固语言学习:词汇表功能——学生可选择播放所有单词的朗读音频,也可选择播放单词卡片,逐一学习;单词卡背诵功能——提供单词的逐词记忆、顺序记词、乱序记词、中文记词、英文记词、声音提示等多种记忆单词的方式,学生可选择自己所喜爱的方式记忆单词;笔记标注功能——学习者在学习过程中,无须准备纸笔,即可随时随地记录学习心得、感想和疑问。

9. I waited for the deer to be shocked and run away.

10. The deer liked to be scratched.

B　*Conclusion*

● 当不定式逻辑上的主语是该不定式所表示的动作的受动者时，可以用不定式的被动形式表示。

C　*Practice*

Fill in the blanks in the following sentences, using the passive form of the infinitive expressions below the picture.

to ask, to discuss, to well receive, to regard as, to use, to ignore

1. It is an honour for me _____ to give a lecture here.
2. The subject _____ today is something about body language.
3. If you want your speech _____, you need to deliver it in the right manner.
4. A speech without gestures is likely _____ a dull monologue (独白).
5. Eye contact is a very important aid _____ in speeches. Listeners hate _____.

LISTENING AND SPEAKING

A　*Listening practice*

Our endangered planet

A1　Listen to the passage and decide whether each of the following statements is true (T) or false (F).

☐ 1. In the 1950s, people saw our own planet from space for the first time.
☐ 2. Air, soil, water, plants and animals are our partners in making the earth a good place to live.
☐ 3. So far, people haven't realized the significance of protecting the earth's environment.
☐ 4. Rivers and lakes have been seriously polluted for centuries.
☐ 5. It is our future generations' duty to keep our rivers and lakes clean.

7

③

扫描二维码
可观看数字资源

③　人机互动，随练随测。提供给学习者多种练习形式，输入方便，随时练习和测试，测后即知道结果，可反复测试：填空题——点击数字资源内容中的填空题，就可以输入对应答案；段落选词填空——用户可直接输入答案，还可从备选项中选择正确答案，备选项可跟踪出现在用户准备输入的框的位置，用户点击选择正确答案；判断题——判断题的选项可以为正误二选一或三选一等模式，同时提供了是否需要学生解释原因或做修改的选项。

五、高中《历史》教材样章

（一）样章内容

高中《历史》（高二年级第一学期）"第九单元　第二次世界大战"

（二）编制思路

高中《历史》教材样章根据学科教学结构的研究成果，在现行纸质教材基础上进行数字化加工，结合历史学科特色添加配套数字资源，以MPR数字标识技术进行热点标识，形成可以通过终端获取相应配套资料的复合型教材。资源呈现形式包括文字、图片、视频、音频、交互课件、3D动画等，重点呈现紧扣每课内容主旨的核心概念以及相关的史料、史论、习题等内容，力求贴合教师和学生的实际需要，做到主旨性和多样化相统一。

（三）热点标识

在纸质样章中，我们在配置有数字资源内容的地方统一铺设了MPR热点标识色块，以提示教师或学生利用点读笔点击，如：

德国毁约扩军

（四）应用技术

学生和教师可通过配套的点读笔和其他移动终端（如电脑），点击纸质图书中的MPR热点标识色块，即可获取相应的数字资源。

（五）编制团队

高中《历史》复合型教材样章由华东师范大学出版社编制，华东师范大学余伟民教授、孟钟捷教授任主编，闵行中学中学高级教师范江任副主编，华东师范大学出版社李雯策划，程滨组织管理，责任编辑许梅，技术编辑邱陈成、刘洁、刘延俊。

扫描二维码获取
完整样章，并可观
看介绍视频

（六）高中《历史》样章数字资源示例

扫描二维码
可观看数字资源

第30课　绥靖政策与"集体安全"的失败

德国毁约扩军

　　纳粹政权建立后，对内实施独裁，对外侵略扩张。1933年，希特勒以军备平等要求不能得到满足为由，相继退出裁军会议和国际联盟，摆脱了国际束缚。1935年，德国重建空军，并随即宣布实行普遍义务兵役制，公开撕毁《凡尔赛和约》的军事条款。1936年，德军进驻莱茵非军事区，未遭制裁，备受鼓舞。

　　在被称为纳粹扩张"蓝图"的《我的奋斗》中，希特勒曾经表示，德国的崛起需要对内"铸造神剑"，对外"寻觅朋友"。在此基础上，德国首先建立一个囊括中欧的"大德意志"；其次，打败法国，消灭苏联，夺取欧洲大陆的霸权；最后，向海外发展，战胜英、美，称雄全球。一言贯之，"先大陆，后海洋"。纳粹夺权后的首要任务就是恢复德国的军事地位，突破《凡尔赛和约》的束缚。莱茵区属于非武装区，只要德国轻举妄动，大力发展军事力量，或在边界上有所行动，法国便可立即占领莱茵区，进而威胁纳粹政权。因此，德国必须首先解决这一后顾之忧。进军莱茵区的成功鼓励了纳粹政权进一步毁约扩军。

　　与此同时，日本加大侵华步伐，意大利人侵埃塞俄比亚。法西斯国家彼此遥相呼应，竞相挑战凡尔赛－华盛顿体系。1936—1937年间，德、意、日三国缔结《反共产国际协定》，携手构建"柏林－罗马－东京轴心"。

德军进驻莱茵区

知识链接

　　共产国际是1919年3月在列宁提议下成立的各国共产党和共产主义组织的国际联合组织。总部设在莫斯科。共产国际在传播马克思列宁主义、推动国际工人运动和被压迫民族的解放运动、反对法西斯主义和帝国主义战争等方面，都发挥了重要作用。二战期间，由于各国内部情况和国际形势的复杂变化，由斯大林决定，经各国共产党同意，于1943年6月宣告解散。

　　希特勒支持墨索里尼入侵埃塞俄比亚，从而拉近了德意关系。1936年，两国又共同干涉西班牙内战，合作意向进一步加强。1936年10月，两国秘密签订议定书，决定相互合作。11月，墨索里尼在米兰发表

　　① 此处设计了交互式课件（图片史料＋探究性课题）。操作简单，利用点读笔点击此处色块，即可出现与本课教学主旨相关的图片和文字资料，便于教师导入新课。

二战前期亚洲及太平洋形势[1]

珍珠港事件中被炸起火的美战列舰

1941 年 12 月 7 日清晨，在联合舰队司令山本五十六的指挥下，包括 6 艘航空母舰在内的日本特混舰队隐蔽在珍珠港以北 230 海里处，随即向美军进行了两波集中轰炸。美方共死伤 3435 人，4 艘战列舰被击沉，188 架飞机被毁。日方仅损失 6 艘潜艇、29 架飞机，200 余人死伤。

珍珠港事件揭开了太平洋战争的序幕。日本随即向美、英宣战。次日，美、英向日宣战，以后荷兰、加拿大等近 20 个国家相继对日宣战。12 月 9 日，中国政府也正式对日、德、意宣战。12 月 11 日，德、意与美国相互宣战。至此，第二次世界大战进一步扩大。

练习与测评

1. 试归纳第二次世界大战是如何被一步一步扩大的。
2. 分析战争初期法西斯国家是怎样运用"闪击战"的，并联系实际战例予以说明。

探索与争鸣

珍珠港遭受偷袭后的那个晚上，英国首相丘吉尔说"我们总算赢了"，而后安然入睡。丘吉尔这样说的原因何在？

② ---

扫描二维码
可观看数字资源

② 此处配置了视频资料，点读笔点击色块后出现与课文相关的历史视频资料，便于丰富课堂活动。

[1] 审图号：GS（2015）511 号。

30 年代初，法国吸取一战教训，在东北部，沿着法德边界精心构筑马其诺防线，以防德国突袭。纳粹德国入侵西欧的军事计划原本是史里芬计划的翻版，但是由于计划不慎外泄，不得已采用修正方案。大量机械化部队通过地形复杂的阿登山区，结果却取得了奇袭效果。1940 年 6 月 22 日，希特勒在一战后德国签署投降书的同一车厢内接受法国的投降。德军直接占领法国北部，法国的贝当元帅在南部维希城建立了傀儡政权。

扫描二维码
可观看数字资源

敦刻尔克大撤退是二战史上的奇迹。当时英法联军面临德军的围追堵截，敦刻尔克港口已被毁坏，只剩下空旷的海滩，撤退前景十分黯淡。然而就在德军即将从北面合围英法联军时，希特勒下令停止进军。这让联军得到了充分的渡海时间。英国海军部适时地调用了 850 艘各种船舰，最终让 33.6 万人成功退守英国。

敦刻尔克大撤退

德军的胜利极大刺激了另外两个法西斯国家的侵略野心。在法国败亡之际，意大利向英、法宣战，并向非洲的英、法殖民地进攻。日本决定强化与德、意的联合，主动提出缔结法西斯军事同盟。1940 年 9 月 27 日，德、意、日三国在柏林签署以共同军事行动为核心的《三国同盟条约》。

文献选读

第 1 条　日本承认并尊重德意志和意大利在欧洲建立新秩序的领导权。
第 2 条　德意志和意大利承认并尊重日本在大东亚建立新秩序的领导权。
第 3 条　德意志、意大利和日本同意备着上述路线努力合作。三国并承允如果三缔约国中之一受到目前不在欧洲战争或中日冲突中的一国攻击时，应以一切政治、经济和军事手段相援助。
——《三国同盟条约》

不列颠之战

战争期间的丘吉尔

法国败降后，希特勒抛出橄榄枝，试图同英国达成和解，以腾出西线兵力，转战苏联。英国新任首相丘吉尔态度强硬，拒绝任何妥协。8 月，恼羞成怒的希特勒下令空袭英国本土，史称"不列颠之战"。

1940 年 5 月 10 日，丘吉尔接替张伯伦任英国首相。三天后，他在下议院发表题为《热血、辛劳、眼泪和汗水》的演说："你们问，我们的政

第九单元 第二次世界大战　141

③ 此处配置了交互式习题的课件，点读笔点击色块后出现相关习题，学生回答后课件会自动出现正确答案，方便当堂检测学习成果。

六、高中《地理》教材样章

（一）样章内容

高中《地理》第一册"专题8　大气的组成和垂直分层"

（二）编制思路

高中《地理》样章将现代信息技术的运用作为高中《地理》教材的有机组成部分，体现学科教学结构特点，配备数字资源。样章根据学科教材内容特点、学生心理特点、教材数字资源的多样性等，进行仔细研究和斟酌，注重对学生学习及教师教学的了解和分析，采用有利于促进学生学习、教师教学的呈现形式，确保教材内容传递的准确性和有效性。影、音、图、文、网等富媒体形式能全方位、立体化地呈现纸质教材无法呈现的微观和宏观世界。促进地理教师教学方式的改变，促进地理学习的革命，为学生创造主动、个性化学习的良好环境。

（三）热点标识

本样章采用二维码作为热点标识，扫描二维码即可观看数字资源。

（四）应用技术

将二维码设置在纸质内容旁边，作为纸质文本的超链接，链接到存储在服务器上的数字资源。教师和学生可以使用智能手机上支持扫描二维码的软件进行识别，获取相关文本、图片、动画媒介、音视频讲解等配套内容。通过这种方式不仅加深了阅读体验，还极大地拓展了图书使用的广度与深度，充分发挥了纸质媒介和数字媒介两者的优势，使两者相得益彰。

（五）编制团队

高中《地理》复合型教材样章由中华地图学社编制，闵行中学特级教师何美龙任主编，上海师范大学江晔副教授、上海市七宝中学柳英华中学高级教师特约撰稿，中华地图学社孙坤静副编审组织管理，责任编辑陈春方副编审，技术编辑邵宇、刘宪文副编审。

扫描二维码获取完整样章，并可观看介绍视频

（六）高中《地理》教材样章数字资源示例

① 文字情境引入，"假如没有大气层"，地球将是什么状况？引发学生兴趣和积极探讨。

② "大气成分组成图"，和文字内容相配，直观形象地展示了大气的组成成分，活泼生动地表达知识内容。

晶体盐和其他一些固态或液态的化学物质。这些物质不仅来自自然，也来自人类活动，是影响空气质量的主要因素。

大气形成的连续圈层称为大气圈或大气层。大气圈的质量仅占地球总质量的百万分之一。由于地球引力的影响，大气密度随高度增加而减小，大气总质量的90%集中在离地表15千米的高度以内，99.9%集中在50千米高度以内。在2 000千米高度以上，大气极其稀薄，逐渐向星际空间过渡，无明显的上界。

▶ 大气的垂直分层

大气的垂直分层

根据大气的物理性质，从地面向上，可以把大气圈分成对流层、平流层、中间层、热层和散逸层。

近地面的大气层主要通过吸收地面辐射而升温，气温随高度的增加而递减，下部热，上部冷，空气垂直对流运动显著，故称对流层。对流层厚度因纬度和季节的不同而不同：热带较厚，寒带较薄；夏季较厚，冬季较薄。赤道地区对流层厚度可达16千米～18千米，中纬度地区约10千米～12千米，两极地区约7千米～8千米。上海地区夏季对流层厚度可达16千米，冬季只有11千米左右。对流层大气平均每上升1 000米，气温下降约6.5℃，至对流层顶气温约为−50℃。

对流层集中了大约3/4的大气质量和几乎全部的水汽与杂质。大气中水汽和固体尘埃含量虽少，却是成云致雨的必要条件。云、雾、雨、雪等都是水汽的凝结物。固体尘埃作为水汽的凝结核，能促进云雾和降水的形成。由于城市空

💡 活动

为什么说对流层与人类关系最为密切？为什么几乎全部的水汽、固体杂质都集中在对流层？

扫描二维码
可观看数字资源

扫描二维码
可观看数字资源

③"大气圈的组成"视频，动感形象地展示了大气的组成及其重要作用。

④"大气的结构"视频动画，分别介绍了大气的各个分层，形象直观地解释了对流层、平流层、臭氧层、高层的主要特点。

思考与实践

对流层的厚度为什么会存在明显的季节差异和纬度差异？为什么只有对流层才有明显的天气变化？

扫描二维码
可观看数字资源

⑤

⑥

扫描二维码
可观看数字资源

▶ **大气圈对地球生命的保护**

大气圈是地球母亲坚实的"防弹衣"。每年进入地球大气层的流星体物质总量达上万吨。一颗直径 100 米的陨石砸在地球上，其撞击力相当于 100 万吨级的原子弹爆炸所产生的威力。幸运的是，地球有大气圈这一厚厚的"防弹衣"，绝大多数的流星体在大气中因摩擦而燃烧殆尽，只有极少数能够到达地表。

大气圈是地球生命的"遮阳伞"。大气中水汽、尘埃和空气分子对太阳辐射的反射、吸收、散射，等于给地球撑了一把太阳伞，使到达地表的太阳辐射几乎被削弱了一半，使得白天地表的温度不会升得太高。特别是大气圈内的臭氧层能吸收大量的太阳紫外线，保护地球生命免遭强烈辐射。

大气圈是地球生命的"保温被"。地表在吸收了太阳的短波辐射后不断增温的同时，也以电磁波[1]的形式不断释放长波辐射。对流层大气中的水汽、尘埃和二氧化碳等对长波辐射具有很强的吸收能力。地表长波辐射的 75% ～ 90% 都被近地面的大气吸收，使大气增温。近地面大气增温后，同样以电磁波的方式释放长波辐射。大气辐射的一部分射向宇宙空间，另一部分则反向射向近地面，人们将反向射向近地面的大气辐射称为大气逆辐射。大气逆辐射的存在使得近地

💡 **活动**

大气在增温的同时，也向外辐射热量。大气辐射的方向既有向上的，也有向下的。大气辐射中向下的部分，因为与地面辐射方向相反，称为大气逆辐射。大气逆辐射的存在，对地面有什么作用。如果用"大气保温作用"概括，你认为合适吗？

[1] 电磁波，宇宙中的所有物体都在不停地辐射电磁波。物体温度越高，辐射的电磁波波长越短。

🌍 78

⑤"大气的受热过程"视频，动态直观地展示了大气的保温作用，有助于学生理解较宏观的地理知识，形成理性思维。

⑥"太阳辐射与大气选择吸收"的拓展阅读材料，帮助学生理解课文知识，拓宽学生视野。

第四章
数字教材建设的研究与实践

数字教材的研究，是在对基础型、增强型数字教材同步研究时，重点开展了原生型数字教材建设的研究与实践。

原生型数字教材是根据数字媒体及数字化学习特点量身定制的全新数字化教材形态。对原生型数字教材建设的研究与实践，是在完全数字化、信息化环境下如何建设数字教材的一种研究，也是对数字教材未来发展形态的重要研究与实践。

基于"突出数字化特色、减负增效"的原则，在原生型数字教材的研究过程中，项目组充分考虑了教材设计的核心理念和学科特点，尤其是教材中数字媒体资源形态的设计，在改变传统学习方式的基础上，促进教学方式的改进和教学过程的优化。大量数字媒体资源的引入，使学习过程更具趣味性，且更加高效，从而促使教师改变传统的教学设计思路，引导课堂教学过程摆脱以教师讲授为主的模式，教师定位也将调整为学生主动学习活动的指导者以及课堂活动的组织者。

根据本项目对原生型数字教材的研究与实践，项目组总结形成了《〈原生型数字教材编制方案〉的设计规范》和原生型数字教材编制的基本技术要求和功能设计方案。这些《设计规范》、技术要求和功能设计方案依据《课程方案》和《课程标准》，提出了原生型数字教材《编制方案》应采用的内容框架，应包含的结构要素，并结合当前原生型数字教材建设的具体实践，总结出原生型数字教材建议采用的技术要求、平台功能对接形式、数字资源格式标准等可参考借鉴的规范。

随着数字技术的不断发展和更新迭代，原生型数字教材建设相关的研究与实践也在快速发展变化。本项目以上海教育出版社和上海外语教育出版社尝试研制了两种各有特色的原生型数字教材为基础，提炼和总结出原生型数字教材开发建设的技术手段、方法路径和机制流程。

此外，本项目还以"双新课程"建设为例，将单纯对教材的研究和开发，拓展到课程建设的范畴，借助数字化网络平台和传统纸质教材形式，将课程内容、设计实施、评价交流、互动反馈等融合为一个整体，提供丰富多元、形式多样的各类课程资源以及课程服务，使课程、教材、教学有机地联系起来，促进课程的校本化、个性化、项目式实施，提高课程教学的有效性和内涵质量。

本项目所总结的原生型数字教材的相关研究成果显然不可能囊括将来所有原生型数字教材的实施路径，但其中的基本设计框架和研究方法可以为未来数字教材的研究与实践提供有意义的参考。

《原生型数字教材编制方案》的设计规范

《原生型数字教材编制方案》是教材编制组对原生型数字教材的总体构想、各项要素的设计思路和实现方式等的详细说明。

《〈原生型数字教材编制方案〉的设计规范》(以下简称《设计规范》)是对原生型数字教材编制组制定的编制方案提出具体要求,对相关概念的内涵予以界定,对整套教材和样章的设计方案提出撰写要求,对教材各要素的编制提出建议,并提供相应的示例参考。

原生型数字教材是完全基于数字化、信息化环境而开发的,没有相对应原版原貌纸质教材的数字教材(平台),是一种全新的形式。教材编制组应特别关注原生型数字教材多媒体交互的优势和特色、对体现教学结构的要求、对数字媒体资源和数字化功能呈现的要求,以及对教材编制过程中的自查与检测要求。

提交原生型数字教材编制方案时可按照《设计规范》的要求,参考样章示例,充分利用设计规范中提供的各种设计表。

一、原生型数字教材编制工作的目标

原生型数字教材编制工作目标的确定,有利于教材编制组明确工作方向,厘清思路,梳理要解决的问题,集中精力、全力以赴完成教材编制。教材编制工作的目标应能够反映和落实本项工作的精神和要求,要突出重点,尽可能有量化的指标,以便进行过程控制和进程检查,能与后续设定的工作实施计划相匹配、相呼应。原生型数字教材的编制具有挑战性,因此要把握好时间节点和任务要求。

要求简明扼要地阐述本套原生型数字教材编制工作的目标。除了与复合型教材编制工作目标一致外,建议教材编制组还要仔细研究国家关于教育信息化的政策和要求,借鉴国际和国内关于数字教材探索与实践的经验,了解学校的教育信息化设施环境和一线教学对教育信息化的需求,思考本套原生型数字教材如何充分发挥信息技术在教学中的作用,明确原生型数字教材编制工作的核心任务。

二、原生型数字教材编制工作的原则

确定原生型数字教材编制工作原则，以便对应相关工作目标，采取有助于目标达成和工作开展的方法和措施，以保证编制工作的顺利推进。编制工作原则应具有针对性，要重点反映本套教材编制工作中需要解决的问题、采取的规范性措施，尤其应注意原生型数字教材与纸质教材、复合型教材编制原则的异同。

要求简明扼要地阐述本套原生型数字教材编制工作中遵循的主要原则。

建议教材编制组从原生型数字教材编制工作实际出发，呼应教材编制工作目标，突出原生型数字教材的特色，阐明观点。例如："教材内容与技术呈现整体思考的原则""突显丰富的数字资源与功能的原则""减负增效的原则"等。

三、原生型数字教材编制工作的实施计划

根据原生型数字教材编制工作的目标和原则，制订编制工作的实施计划。明确具体的工作任务、工作路径以及时间节点，并提出细致、具体、量化的工作要求。实施计划的制订，是将编制工作的总目标进行分解和细化，有利于分阶段、分步骤地落实，有利于过程的监控和管理，有利于最终达成目标。

要求列出本套原生型数字教材编制工作的具体实施计划，包括分阶段任务与要求、相关工作的人员分工与配合、落实方法、时间安排等。可以用文字阐述或表格形式呈现。

四、原生型数字教材编制人员信息

原生型数字教材编制组的人员组成和结构，关系到教材的编制质量及编制工作的开展。原生型数字教材编制组需要主编、编写人员、责任编辑和技术负责人员等紧密配合，尤其应加强技术人员的作用，最大限度发挥各自的长处。提供教材编制组人员组成的信息，是教材编制单位和主编合理选择、安排人员的必要工作，也是专家评审教材的参考之一。

原生型数字教材编制组成员，包括主编、编写人员和承担教材编制的出版社责任编辑和技术负责人员，应按照中华人民共和国教育部的相关规定具备一定的资质条件（参见本书第二章第二节）。同时，鉴于原生型数字教材的特点，编制组需加强技术负责人员的配置。

要求以表格形式（参见本书表2.1）呈现原生型数字教材编制组人员的信息，如果分

学段编制则还需填写各学段教材编制组人员信息。原生型数字教材的编制组人员须包含技术负责人员信息。

五、原生型数字教材的总体构想

（一）教材对课程理念的体现

原生型数字教材作为新时代数字化、信息化环境下全新形式的教材，应与国家课程改革的精神保持一致。原生型数字教材的编制须以《课程方案》和《课程标准》为依据，体现课程改革的要求，反映课程理念，突显学科核心素养的培养，保证课程改革目标的传达与落实。

要求以文字或表格形式（参见本书表2.2）简述教材对课程理念的体现，提炼整套教材中的陈述内容、活动内容、栏目内容、例题作业和数字资源内容等要素对课程理念的呼应点，尤其是原生型数字教材对德育目标方面的落实。

（二）教材特色的设计

原生型数字教材最大的特点是没有纸质教材的依托，完全数字化地呈现教学内容。原生型数字教材《编制方案》应反映本套教材编制的特色和在数字教材建设方面的创新性，主要表现在数字教材的品种、呈现形式、框架结构、内容组织、体例编排、教学资源、功能设计等方面。教材编制者必须从教育理论到教学实践，从学科特点到认知规律，从内容组织到呈现方式，从教学结构到课堂实施等多个角度思考所编制的原生型数字教材的特色，突显其价值，并对学科教学改革起到引导作用。

要求简要阐述本套原生型数字教材的特色，并用案例、示意图或其他合适的方式作进一步解释说明。在提炼原生型数字教材特色时，教材编制者应特别关注教材在数字化功能设计方面呈现的特点，在针对适用对象、教学应用场景、数字化教学管理等方面所作的特别思考。

示例：小学《英语》（上教社版）原生型数字教材特色的设计

本套教材的学习内容和活动设计一方面紧紧围绕课程目标和内容要求，另一方面充分考虑数字化环境下语言学习的趣味性、多样性以及可操作性。学生在数字化的教学方式中获得学习经历和体验。

本教材通过动画呈现完整的语境，让学生感受语言；通过视频为学生提供真实的语言环境；通过角色扮演、歌曲欢唱、趣味游戏等互动性强的数字化功能操练和运用语言，帮助学生学习真实的语言交际。这些数字化的呈现让学生在有意义的活动体验中既感受英语学习的快乐，又充分操练了词汇和句型，打好语言学习的基础。

本套原生型数字教材设置了班级系统，方便教师与学生互动，学生端可以提交活动和练习记录，教师端可以收集活动和练习记录、收发数字化作业、给学生评价等。

（三）教材品种体系的设计

原生型数字教材的品种体系以聚合的方式在一个客户端内呈现，如学生部分（包括教材、练习部分、多媒体资源等）和教师部分（包括教学课件、数字/多媒体教学挂图等），均融合在一个教材文件包中。因此，在整体设计原生型数字教材时，可以将册别和用户对象作为品种体系设计的参考，如：一年级第一学期学生版、一年级第一学期教师版等。教材品种体系设计应根据教师和学生的实际需要，对每一个品种进行相应的思考和设计，从学生的学习过程和学习需求、教师的教学实施出发，对教材的制作与使用的可行性作细致的思考。

要求以文字或表格形式呈现本套教材包含的品种名称、每个品种包含的内容、数量、作用或特点、容量，以及涉及的相关内容和品种之间的关系。教材的容量设计须科学合理，要符合学生的学习需求，不应增加学生的课业负担。

表4.1　原生型数字教材包含的品种及其关系设计表

品种名称	包含内容	作用/特点	容量（分钟/MB）
品种名称	包含内容	作用/特点	容量（分钟/MB）
各品种之间的关系			

注：全套教材中的学生使用品种须注明使用时间或存储介质的容量单位，以时间（分钟）或文件大小计算。

示例：小学《英语》（上教社版）原生型数字教材品种体系的设计

表4.2　品种及其关系设计表

品种名称	包含内容	作用/特点	容量（分钟/MB）
学生版	教材主体内容	以丰富的数字媒体形式呈现教材主要教授内容，通过各种丰富的数字互动功能丰富学生的学习体验。	210 MB
	练习部分	通过数字媒体和人机互动形式呈现语言操练活动。练习均可由教材系统自动批改和评价，有助于提高学习效率。	130 MB

（续表）

品种名称	包含内容	作用/特点	容量(分钟/MB)
教师版	教学参考资料	提供整册和各单元的教学目标、课时分配建议、活动设计参考等。同时也提供教材使用说明。帮助教师更好地理解教材编制意图，激发教师灵感，更好地发挥数字教材内容与功能的配合作用。	60 MB
各品种之间的关系			

　　本教材通过帐号识别学生或教师身份，并开放不同使用权限。学生身份仅可以使用教材和练习部分。教师身份则可以使用学生版和教师版的全部内容。此外，学生身份能使用练习部分完成语言操练活动并获得自己的评价，而教师身份则可以看到学生语言操练活动的汇总结果，并给予每个学生相应的评价。

六、原生型数字教材目标的落实

　　原生型数字教材须关注"立德树人"教育理念，促进学生的全面发展，符合时代进步的需要。原生型数字教材的编制应全面、整体地思考和分析课程目标和学科核心素养，并在教材具体内容中予以传递和落实。

　　要求以文字简要阐述本套教材如何落实《课程标准》中的相关课程目标和学科核心素养。以表格形式（参见本书表2.5）列出教材某一单元如何通过具体目标落实课程目标和学科核心素养，体现与课程目标和学科核心素养之间的关联。

七、原生型数字教材对教学结构的体现

　　原生型数字教材对教学结构的设计具有一定引导作用。由于数字教材的教学过程和教学方法更为灵活，原生型数字教材的编制除了可以参考本书"第二章第三节基本教学结构的研究"，也可根据教材自身设计特点注意强化符合本套教材要求的教学结构。

　　要求以文字阐述本套教材体现教学结构的思路，并以某一单元为例用表格形式（参见本书表2.6）具体说明本套教材如何体现教学结构的各个环节，以何种形式体现。其中"表现形式"和"举例说明"应体现原生型数字教材的数字化特色，如数字化功能、呈现方式等方面对教学结构的体现。

　　示例：小学《英语》(上教社版)原生型数字教材体现教学结构的说明
　　小学《英语》(上教社版)原生型数字教材充分利用数字媒体交互的优势，为学生提

供真实的语言运用场景,在栏目设置、活动设计等方面优化学习体验,同时满足教师个性化教学需求和学生不同层次的学习需求。本教材体现了英语学科"单元整体学习"的教学结构,由"创设情境、引入问题""组织活动、激发思维""联系知识、明确本质"和"运用概念、解决问题"四大环节构成。

单元是英语教材内容组织的最小完整单位。本教材每一个单元以一个话题引领,以动画、交互练习、游戏等数字资源为载体,通过数字化功能辅助听、说、看等语言与思维活动,学习语言知识,发展语言能力,塑造文化品格,提升思维品质。一个单元的内容组织体现完整的教学结构:

以视听活动(Target 或 Let's sing/Let's enjoy)"创设情境、引入问题",引起学生对单元话题的兴趣;以观看动画、真实照片和视频(Target 定格画面和 Let's watch)为载体"组织活动、激发思维",在观看过程中通过提问或活动设计,使学生形成对动画内容的整体理解和细节理解,对核心词汇和语法的认知,强调对语言知识和学习方法的自主探索和自主发现的过程,活跃思维;以口语表达活动(Let's watch 角色扮演)和游戏(Let's play)"联系知识、明确本质";最后通过口语交际任务(Let's talk)"运用概念、解决问题",达到学以致用的目的。

表4.3 Scene 9 At the snack bar 对教学结构的体现

教学结构环节	表现形式	单元举例说明
创设情境、引入问题	1. 学生观看与单元话题相关的情景动画。 2. 设计问题,引导学生运用已有的知识和能力对与单元话题相关的关键点进行思考和预测,帮助学生快速熟悉话题,铺垫语言知识。学生思考产生的疑问可以作为之后学习的切入点。	**教材中呈现的教学内容:** Target 部分的情景动画。 (说明:让学生感受场景和语言,引入话题,激发学生对单元话题的兴趣。教师根据实际情况选择是否出示字幕。)
组织活动、激发思维	1. 通过动画以及真实的照片学习单元话题词汇,激发学习动机。 2. 通过有趣的动画进一步感受单元话题场景,通过分步动画学习语言知识(单元话题词汇和句型),提升英语视听能力。	**教材中呈现的教学内容:** 1. Target 定格画面:四种食物(饺子、面条、春卷和馄饨),出现单词的发音和相关实物图片(教师可以根据实际增补)。 (说明:让学生学习单元话题词汇。学生模仿跟读单词,教师及时纠正其发音。) 2. Let's watch 动画:May I have a pie, please? (说明:通过动画让学生感受场景,了解对话大致内容。分步播放动画,同时讲解动画剧情并教授日常用语 Can I help you? May I have ..., please? 及礼貌用语 Thank you.)

（续表）

教学结构环节	表现形式	单元举例说明
联系知识、明确本质	1. 利用数字化配音功能开展角色扮演活动，加深对语言知识的理解，使知识得以熟练运用。 2. 利用数字化游戏，在模拟的场景中听录音点餐，巩固和强化语言知识的运用。同时提升英语听力。	**教材中呈现的教学内容：** 1. Let's watch动画的角色扮演（教材自带功能）。 （说明：通过角色扮演活动，并通过录音功能进行学生作品收集与分享。教师还可以邀请几组学生上台表演对话。让全班同学评判。） 2. Let's play小游戏。 （说明：通过情境化游戏方式操练和巩固句型。可以分组进行游戏，也可以组织PK赛。）
运用概念、解决问题	通过模拟真实情境完成任务将语言知识和听说能力运用到真实交际中去，提升英语听说能力。	**教材中呈现的教学内容：** Let's talk操练任务。 （说明：模拟购物任务。先让学生观看示例视频，了解场景和对话，进行会话操练。可通过教材的数字化功能收集学生的录音作品并分享。）

八、原生型数字教材内容的设计

（一）教材结构体系的设计

原生型数字教材的结构体系是指教材各部分内容的组织架构和内在联系，是支撑整套教材的骨架。原生型数字教材结构体系的设计反映了教材编制组对《课程标准》的理解和落实，反映了他们的编制思想和设计思路，体现了学科目标和特征，体现了教育理念和教学方法。教材结构体系的设计应在充分考虑学科教学结构的前提下进行。

要求以结构图表、文字阐述或两者结合的形式直观地呈现教材的结构体系，同时列出全套教材的目录。要体现教材的主线，整套教材与单册教材的架构，并对其设计特点加以分析。

示例：小学《英语》（上教社版）原生型数字教材结构体系说明

本套教材目前已完成小学一、二年级四个学期内容的编制，每个学期内容有四大主题场景，分别是 At school，At home，In the street，In the suburbs。每个主题场景下设三个小场景，每个小场景即为一个学习单元。场景整体设计由近及远，从小到大，从学校、家庭逐步扩大到社区、公共场所，逐步体现学生从认识自我到认识他人，从认识自然到认识世界的过程。不同学期的场景有复现，也有拓展。

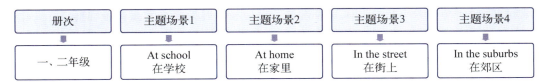

图4.1 整套教材主题场景结构图

表4.4 一年级第一学期的场景与话题安排

主题场景	小场景		对应的话题
At school	Scene 1	At the school gate	School life（学校生活）； Personal information（个人信息）
	Scene 2	In the classroom	
	Scene 3	In the art room	
At home	Scene 4	In Kitty's living room	Personal information（个人信息）； Social relationships（社会关系）； Recreation and sports（娱乐与运动）
	Scene 5	At Alice's home	
	Scene 6	In Eddie's bedroom	
In the street	Scene 7	In the bookshop	Public places（公共场所）； Food and drinks（饮食）； Social communication（社会交往）
	Scene 8	At the fruit shop	
	Scene 9	At the snack bar	
In the suburbs	Scene 10	On the farm	Public places（公共场所）； Plants and animals（植物与动物）； Features（人与物的特征）
	Scene 11	In the zoo	
	Scene 12	In the park	

（二）教材基本体例的设计

原生型数字教材的体例是指教材基本的编写单位如"单元"的编写格式和组织形式。原生型数字教材的体例应反映教材的设计思路、栏目构成、前后顺序、层次关系等。原生型数字教材应重点反映其富媒体呈现和数字化功能的体例设计。教材编制组在启动全面编制前应先制定统一的体例要求，并在样章中呈现完整的基本体例；同时应具体说明教材的基本体例与学科教学结构有关联，主次分明，重点突出。

要求以结构图表的形式呈现教材的基本体例，可适当用文字说明其内部构成和顺序关系。

示例：小学《英语》（上教社版）原生型数字教材基本体例的设计

本套原生型数字教材每个学期的内容由一张数字地图展开，每张地图上呈现12个小场景，每个场景即为一个学习单元。每单元集中教授与话题相关的目标语言项目（句型和单词)和功能意念项目。单元内设置不同的栏目帮助学生掌握该语言功能。每个单元的主要学习栏目包括 Target,Let's watch,Let's talk 和 Let's practise。此外,根据内容需要还会安排拓展栏目,包括 Let's sing/enjoy,Let's play 和 Enjoy a story。

每个栏目以相对固定的数字资源形式和数字化功能呈现。

Target 以动画形式呈现本单元话题场景,最后的定格画面呈现本单元话题词汇和句型。单词和句型可以点读;

Let's watch 以动画形式呈现单元话题场景,学习对话。数字化功能有:字幕功能、角色扮演功能、分步学习功能;

Let's talk 采用动画互动形式模拟真实场景让学生进行对话操练。数字化功能有:学生端可以录音并提交;教师端可以收听学生录音并评价;

Let's practise 以数字化交互形式呈现听说练习(如听录音选择、听录音连线、听录音涂色、选择场景说一说等)。听力练习即时自动批改并汇总学生练习数据,会话练习则将学生录音发送给教师,供其收听和评价;

Let's sing/enjoy 用动画形式呈现歌曲和童谣等视听资源。学生可以跟着动画唱一唱英文歌曲或童谣,也可以利用卡拉OK的功能录制自己的歌曲动画;

Let's play 采用数字化交互游戏形式为学生提供了更富有趣味性的语言操练。数字游戏形式丰富,如涂色游戏、拼图游戏、棋盘游戏等;

Enjoy a story 用动画形式呈现经典故事。学生不仅可以阅读或观赏故事,还可以使用角色扮演功能为故事配音。

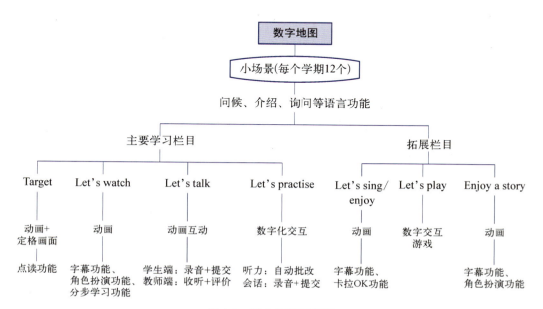

图4.2　基本体例示意图

（三）教材内容对目标的落实

原生型数字教材各单元主要内容的选编，在强调教材各单元主题结构内在逻辑性以及课堂教学实用性的同时，还应呼应课程目标，且充分体现和落实《课程标准》的要求。教材编选的内容应依据《课程标准》对课程目标和学科核心素养的具体要求，根据不同年龄段学生的认知发展水平进行有序编排；教材编选的内容应详略得当，有利于学生的学习。同时，信息技术使教材内容的呈现形式更为丰富，也对目标的落实有更多维度的体现，应在《编制方案》中得以体现。

要求以文字阐述教材内容的选编如何落实课程目标，并以表格形式（参见本书表2.9）梳理和呈现教材各单元是如何达成教材单元目标的。

示例：小学《英语》（上教社版）原生型数字教材教材内容对单元目标的落实

儿童学习外语与学习母语的过程相似，听说领先。遵循这一规律不仅可以保护学生的学习积极性，而且有利于学生后续发展读写能力。一、二年级要通过视、听、说、唱等方式，让学生感受语言和激发兴趣。本教材以听说为抓手，通过大量视、听、说、唱活动，让学生充分感知语言，培养表达能力，培养英语语感，激发学生学习英语的兴趣，为后续学习奠定坚实的基础。

表4.5　In the art room单元呈现要素对单元目标的落实

单元目标（编号）	陈述内容和要求	活动内容和要求	栏目内容和要求	作业内容和要求
（1）语音： 跟读、朗读单词： face、eye、mouth、nose、ear 跟读、朗读句子： This is my ... This is your ... Look! （2）词汇： 知晓面部器官名词eye，mouth，nose，face，ear及其意思。	（Target）： 词汇：面部器官face、eye、mouth、nose、ear 要求：2.1 C[1] 句子：Hi! I'm Jack. This is my face.作自我介绍和面部介绍。 要求：4.2.1 C	语言输入活动（Let's watch）： 男孩用Look! This is your ... It's you. 向女孩介绍自己画中的她。 要求：4.2.1 B	歌曲/儿歌（Let's sing）： 在歌曲I can draw中表达自己的能力，可在伴唱功能中进一步自我感知。 要求：A	Let's practise：通过听说活动进一步巩固词汇face、eye、mouth、nose、ear的意思和句型This is my ... 的意思。 要求：2.1 C；4.2.1 C

---

[1]　表4.5中的"要求"出自《上海市小学英语学科教学基本要求（试验本）》。

（续表）

单元目标（编号）	陈述内容和要求	活动内容和要求	栏目内容和要求	作业内容和要求
（3）词法： 知晓人称代词my，your的意思。 知晓指示代词this的意思。 知晓be动词is与this搭配使用。 知晓this和is搭配表达陈述的语气。 知晓动词touch的意思。 （4）句法： 知晓This is my ...和This is your ...用于介绍事物。 知晓It's you!的意思。 知晓否定句It's not me.的意思。 知晓Touch your ...用于给对方指令触摸某物。 （5）功能意念： 用This is my ...和This is your ...介绍事物。 用Look！引起注意。 用Touch your ...发出指令。 （6）话题： 面部器官		语言操练活动： Let's watch（角色扮演）：扮演主线人物用Look! This is your ... It's you.介绍画中的女孩。 要求：4.2.1 A Let's play：用词汇face，eye，mouth，nose，ear和句型This is my ... 完成拼贴游戏。 要求：2.1 B；4.2.1 B 语言运用活动： Let's talk：听Touch your ... 的指令，用手指出正确的部位，并用This is my ... 介绍自己的面部器官。 要求：4.2.1 C		

（四）教材内容对核心概念的规划

核心概念是串起学科结构主干的关键，展现了学科知识框架图景，引领了教材中的所有内容要素，对于落实课程目标具有重要意义。原生型数字教材在核心概念落实方面应特别关注其在呈现方式上的特点，即教材是如何使用数字化方式呈现核心概念的。

要求以表格（参见本书表2.11）或关系结构图（如思维导图）的形式列出整套教材核心概念的名称、数量及前后顺序的关系，并提供一个单元的核心概念在选取和呈现等方面进行的思考（参见本书表2.12）。

表4.6 小学《英语》(外教社版)原生型数字教材核心概念设计表

单元 名称	核心概 念数量	核心概念 (按编排顺序)	呈现方式	涉及的相关概念/ 知识点
Unit 5 I like ice- cream	4	ice-cream chocolate biscuit chip	1. 主要采用音画同步的方式,初步呈现核心概念,同时提供录音按钮,方便使用者输入自己的声音,与标准朗读相对照,掌握核心概念。 2. 练习模式 1)使用者点击任意一图,即可将其放大为全屏显示,并获得翻转后的核心概念文字展示。 2)四个核心概念的文字围绕其中一幅图片旋转,要求使用者选出与图片相配合的概念。这是对核心概念的巩固与提高。 	Unit 6中的食物名称:chicken, fish, noodles, rice。Unit 7中的水果名称:apple, pear, banana, peach。

(五) 教材中学生活动的设计

活动是学生开展学习的主要方式。原生型数字教材不仅可以设计与纸质教材或复合型教材类似的活动,还可以借助信息技术的手段设计更多样的教学活动形式,丰富学生的学习经历,提升教师的数字化教学能力。因此,原生型数字教材的活动设计应充分考虑信息技术对活动各方面的提升作用。

要求以文字阐述整套教材活动设计的基本思路以及对于学生能力发展的思考,并以表格形式提供某一单元的活动设计。有实验的学科教材,需提供实验属性表。

表4.7　小学《英语》(上教社版)原生型数字教材活动设计表

单元名称:Scene 9　At the snack bar　　　　　　　　　　活动总数:6

目标对应情况		
活动	教材活动目标	对应教学基本要求
活动1	播放Target部分情景动画:让学生感受场景和语言,引入话题。	正确朗读学过的词汇和句子
活动2	学习单元话题词汇:饺子、面条、春卷和馄饨。点击定格画面上的四种食物,出现单词的发音和相关实物图片(教师可以根据实际增补)。同时通过学生对单词的模仿跟读,教师及时纠正其发音。	词汇:核心词汇(不少于600词)
活动3	句型学习:教师播放Let's watch动画(教师可以根据实际情况选择是否播放字幕),让学生感受场景,了解对话大致内容。分步播放动画,同时讲解动画剧情并进行句型教授、日常用语Can I help you? May I have ..., please? 及礼貌用语Thank you。	句法:一般疑问句
活动4	角色扮演:在Let's watch栏目中,通过扮演人物进行人机或人人对话操练。录音功能进行学生作品收集与分享。教师还可以邀请几组学生上台表演对话,让全班同学评判。	语音:语调的交际功能;基本句式的朗读语调;句子的朗读节奏 句法:一般疑问句
活动5	数字游戏:进入Let's play栏目,通过情境化游戏方式,操练和巩固句型。可以分组进行游戏,也可以组织PK赛。	语音:语调的交际功能;基本句式的朗读语调;句子的朗读节奏 句法:一般疑问句
活动6	会话活动:Let's talk栏目的模拟购物活动。先让学生观看示例视频,了解场景和对话。安排学生进行操练(学生个体人机互动,也可以是两两对子活动)。教师可收集学生录音作品并分享。	语音:语调的交际功能;基本句式的朗读语调;句子的朗读节奏 句法:一般疑问句

(六) 教材作业的设计

作业是教材的重要组成部分,作业不仅包括课本中的练习,还包括配套的练习部分。原生型数字教材的作业完全以数字化形式呈现,教师可以通过教材平台布置与收取作业,作业完成和提交的形式比纸质教材和复合型教材更为丰富。对作业进行整体思考和设计,可以使教材作业的编制更加具有目标性、针对性、有效性、全面性，这不仅有助于教材的整体建设，而且有助于学生学习能力的发展和核心素养的培养。

要求以文字阐述或表格（参见本书表2.23）形式总体说明教材作业的整体设计思路。以表格形式呈现某一单元作业的题量、题型、分层设计、对目标的落实以及相关内容的设计，同时应尽可能体现数字教材丰富的数字化练习呈现形式与功能和学习体验方面的特色。

表4.8　教材某一单元作业的设计表

单元名称：＿＿＿＿＿＿＿＿＿＿＿＿＿＿＿＿＿＿＿＿＿＿＿＿＿＿

课本内练习（编号）	内容与要求	练习类型	数字化形式与功能	对应教学结构环节	练习时长	练习难度	学习水平	内容维度*	能力维度*
练习1									
练习2									
练习3									
……									
配套练习部分（编号）	目标落实	练习类型	数字化形式与功能	对应教学结构环节	练习时长	练习难度	学习水平	内容维度*	能力维度*
练习1									
练习2									
练习3									
……									

注：打*部分为根据学科实际情况选填内容。

示例：小学《英语》（上教社版）原生型数字教材作业设计说明

本套原生型数字教材在语言训练内容上注重发展学生的多元智能，设计了丰富多样的作业，如：形式多样的听力练习（听录音选择、听录音涂色、听录音排序等）、场景丰富的对话练习、综合运用语言的小小任务等，既训练了学生的语言能力，也发展了学生的人际交往能力等，实现了"为多元智能而教"。

教材中的作业数字化操作设计适合小学低年级学生，以单击、拖动等方式为主，且尽量通过自动化的手段实现即时评估。同时预设了数据统计功能，为教师的总体评估提供帮助。

表4.9 一年级第一学期 Scene 3作业设计表

Scene 3：In the art room

课本内容练习	内容与要求	练习类型	数字化形式与功能	对应教学结构环节	练习时长	练习难度	学习水平
Listen and number	通过听说活动进一步巩固词汇face，eye，mouth，nose，ear的意思	听力编号题	人机交互式操练：拖动数字序号进行配对，可自动批改	运用概念、解决问题	3分钟	简单	C
Look，listen and say	通过听说活动进一步巩固句型This is my…所表达的意思	听说题	人机交互式操练：单击按钮开始录音，录音自动上传，教师评价	运用概念、解决问题	5分钟	一般	C

（七）教材数字媒体资源内容的设计

数字媒体资源是原生型数字教材的主要组成部分，教材的全部或部分教学内容都是通过数字媒体资源与数字化功能相互配合呈现的。数字媒体资源能够在有限的时间和空间里展示微观和宏观领域，实现教材知识的立体分层、教学活动的动态交互、学习过程的"脚手架"支持。丰富的数字媒体资源设计，一方面能有效传递知识，激发学生的学习兴趣，丰富学生的学习经历和体验；另一方面，能满足学生学习的个性化需求，促进学生学习的自主性和高效性。

原生型数字教材数字媒体资源的内容设计要有科学性、针对性、准确性、有效性，要关注教学目标与媒体资源内容之间的有机关联，媒体资源内容与相关知识、实际应用之间的有机关联，以及媒体资源内容与数字化功能之间的有机关联。此外，原生型数字教材也可以考虑实际教学需求，开放一定的空间允许教师自行添加数字媒体资源以便教学使用。

原生型数字教材的呈现形式可参考本书第四章第二节"原生型数字教材编制的基本技术要求和功能设计方案"中的具体说明。

要求先以文字表述形式总体说明教材数字媒体资源的整体设计思路，包括目标落实、育人价值、落实教学结构的要求等方面，再以表格形式对某一单元的数字媒体资源进行汇总和具体说明。

表4.10　某一单元的数字媒体资源设计表

单元名称：_____　　数字媒体资源数量：_____

数字媒体资源（按编排顺序）	呈现形式（含数字功能）	时长/大小/容量	对应教学结构环节	说明

示例：小学《英语》（外教社版）原生型数字教材数字媒体资源设计说明

小学《英语》（外教社版）原生型数字教材在数字媒体资源的设计上主要考虑以下几方面：

一、通过丰富的图片、声音媒体展示，把知识（核心词汇、句型、语法概念）与技能（运用所学语言进行口语交际）以最接近语言实际的方式呈现给学生，通过真实、生动、形象的场景设置，创设掌握上述知识与技能的恰当过程与方法，并通过各种媒体的展示与运用，力争对学生的情感态度与价值观形成一定的影响和熏陶。

二、通过对交际过程中典型场景和相关礼仪的呈现与介绍，尤其是通过丰富的数字媒体手段加以介绍，并提供诸如录音、及时反馈等技术手段使学生参与其中，使得学生能够体会到数字媒体本身所包含的育人价值。

三、数字媒体资源的使命是辅助英语教学，故设计的时候充分考虑了教师的教学需要和学生的学习需要，考虑到了低龄学生有意注意时长较短的特点，在数字媒体的类型上加以多样化的变换，在时间上普遍不超过3分钟（只有少数资源有4～5分钟的时长）。

表4.11　Good morning数字媒体资源设计表

单元名称：Good morning　　数字媒体资源数量：13

数字媒体资源（按编排顺序）	呈现形式（含数字功能）	时长/大小/容量	对应教学结构环节	说明
Story-（1）	简易动画	2分钟	创设情境、引入问题	语言输入阶段
Story-（2）	简易动画	4分钟	创设情境、引入问题	简单语言输出
Words-（1）	图片+文字+录音	5分钟	组织活动、激发思维	单词输入

（续表）

数字媒体资源 （按编排顺序）	呈现形式 （含数字功能）	时长/大 小/容量	对应教学 结构环节	说明
Words-（2）	图片＋录音	5分钟	组织活动、 激发思维	单词输出
Words-（3）	单词游戏	3分钟	组织活动、 激发思维	单词输出
Structures	图片＋文字＋录音	3分钟	组织活动、 激发思维	句型输入
Chant and Song-（1）	Chant简易动画＋卡拉OK	1分钟	联系知识、 明确本质	问候语的输入/输出
Chant and Song-（2）	Song简易动画	1分钟	联系知识、 明确本质	问候语的输入
Games-（1）	图词配对	2分钟	组织活动、 激发思维	单词输出
Games-（2）	对话搭配	2分钟	联系知识、 明确本质	句型输出
Games-（3）	情景与问候语搭配	2分钟	联系知识、 明确本质	功能输出
Reading-（1）	图片＋文字＋录音	1分钟	运用概念、 解决问题	语言输出 达成交际功能
Reading-（2）	图片＋文字＋录音	2分钟	运用概念、 解决问题	语言输出

九、原生型数字教材的呈现方式

（一）教材栏目的设计

原生型数字教材完全以数字化形式呈现，但是其栏目的设计依然能在一定程度上体现其教学特征。不同的栏目按照一定的编排方式构成了原生型数字教材的基本体例。原生型数字教材栏目的功能定位以及相互之间的关系，对教材内容的编选，对课程目标的达成，对教师的教与学生的学有着极其重要的意义。

要求以文字阐述、表格（参见本书表2.35）或图文结合的形式说明整套教材所有栏目的名称和功能定位及其对应的教学结构环节。还可以根据各学科教材的特点，将相关栏目进行分类呈现，如核心学习栏目、辅助学习栏目、拓展学习栏目、训练栏目等。

示例：小学《英语》(外教社版)原生型数字教材栏目设计说明

　　本套原生型数字教材在栏目设计上，不仅承袭了外教社版英语教材的特色栏目(如主课文、词汇表、语法项目、练习等)，还新增了能够充分发挥数字教材特点的板块，如游戏、儿歌童谣、百宝箱等。教材设计过程中我们主要考虑以下两点：

　　一、传统教学的基本功能不舍弃。课文主要学习栏目(如 Story，Words，Structures 等)以生动形象的卡通手段加以展现，使得传统教学的优秀之处在数字时代得到了保留与发扬。

　　二、如何加强数字教材的特色。因为是一体化的原生型数字教材，不需过多考虑载体的容量问题，所以每个单元都安排了若干数字化游戏(包括"打地鼠""射箭"等类型)，用以体现单元的语法、功能要点。儿歌童谣部分是标准配置，每单元都有设置，并以便捷的媒体播放和生动活泼的动画展现，使学生能够充分体会儿歌童谣所描绘的生活、娱乐场景。

表4.12　栏目功能定位及对应教学结构环节

整套教材栏目数量：7

栏目名称	栏目功能定位	对应教学结构环节
Story	主课文	创设情境、引入问题
Words	生词教学	创设情境、引入问题
Structures	语言项目教学	创设情境、引入问题
Chant and Song	语言复现	开展活动、激发思维
Games	语言操练	开展活动、激发思维
Reading	语言综合运用	联系知识、明确本质
Treasure Box	教师工具箱	运用概念、解决问题

（二）教材界面的设计

原生型数字教材以数字化形式呈现，其界面设计相当于纸质教材的版式设计。原生型数字教材的界面设计对教材的整体呈现极其重要，包含整体界面风格设计、导航菜单与按键图标设计、文字大小、交互设计等。原生型数字教材的按键图标与数字媒体资源在结构和组织上都能够成为独立的信息体，都是实现教材数字化功能、内容呈现和诠释的方式，如相互配合得好，具有便于操作、优化学习体验、提升教学效果等特点，可以达到事半功倍的作用。

要求用文字阐述、表格或图文结合的形式，结合提供的教材样章，呈现本套教材整体界面的设计思考，并重点反映原生型数字教材目录、导航菜单、按键图标以及交互功能之间的关系。

教材整体界面的设计应关注以下几个方面：

① 教材整体界面设计首先要考虑学生的年龄特点和认知水平以及教师的教学实际，了解使用者的需求，明确需达成的目标，制定设计要求，做好教材界面设计的定位。

② 教材中背景图、图标、导航菜单、功能按键、文字大小等的设计应仔细斟酌其科学性、必要性、针对性、准确性、相关性、有效性、教学性、用户友好性等。避免出现喧宾夺主、干扰教学、分散注意力等情况。

③ 要注意教材的界面上各部件的关系，注意视觉效果、引导效果、阅读效果等，将科学性与趣味性相结合，做到以主要呈现内容为主、与交互性和用户使用友好性相得益彰，有机结合。

④ 教材中的导航菜单和功能按键应注意与教材主要呈现内容和谐编排、示意明确，不突兀、不冲突、可操作。

示例：小学《英语》（上教社版）原生型数字教材界面设计说明

小学《英语》（上教社版）原生型数字教材针对其使用对象的年龄和身心特点，在导航及客户端界面设计上遵循示意明确、操作简便的原则。具体设计方案如下：

一、教材目录设计

每册教材都有一张场景地图（图4.3），外星人Spaceboy和Skygirl乘坐宇宙飞船带领学生去各个场景学习。教师可以选择教材设定的场景学习顺序，也可以根据需要适当调整顺序。

二、单元主界面导航设计

单元主界面（图4.4）以主要学习内容为主，采用弹出式导航菜单，使得菜单及按钮不会占用太大空间，不干扰学生的注意力。

图4.3　场景地图

点击单元主界面左下角导航键，会自左向右弹出单元栏目图标，点击相应图标进入相应栏目。

单元主界面右下角放置了"教师资源文件夹"图标，方便教师随时调用个性化备课资源。

字幕开关

返回教材目录地图界面

图4.4　单元主界面

三、图标设计

采用常见图示设计按键图标，示意明确。栏目图标（图4.5）对应栏目内容与要求。如：Let's watch采用视频图标；Let's play采用游戏手柄图标；Let's sing/enjoy采用音符图标等。功能按键对应操作呈现效果（见表4.13）。

图4.5 栏目图标

表4.13 常用功能图标设计说明

功　能	图　标	说　明
动画播放	▶	进入时自动播放动画,结束时页面固定,点击可以重新播放动画。
暂停	‖	暂停播放当下内容。
字幕	Aa Aa	字幕默认关闭。点击可以开启字幕,再点击可关闭。
跳过	↷	可以跳过此部分,直接进入其他栏目。
返回	↶	返回上一级页面或主题场景。
上一页/下一页	← →	点击后播放上一页或下一页内容。
录音	🎤	学生录下自己的说话内容,可提交给教师。
伴唱	🎙	特色功能,学生可以跟着伴奏唱一唱。
上传	⬆	在学生端点击后,可以将录音、表格、图片等上传到教师端。
保存	💾	可以保存声音、图表等。
下一栏目	▭➜	在每一栏目最后出现,点击可以直接进入下一栏目。
播放录音	🔊	单击此按钮,播放练习录音。
提交	🗎	单击此按钮,提交自己的练习答案,同时获得批改结果。

四、交互设计

本教材的操作以单击和拖动为主,不使用复杂的双击、长按、手势放大等操作,符合小学生对数字化内容的操作和使用习惯。

（三）教材数字化功能的设计

原生型数字教材的数字化功能设计应着力于满足教与学的实际需求。数字化功能与教材内容的联动使用能更好地体现教材内容特色，丰富教学活动形式，增强学习兴趣与体验。

要求以图表或图文形式说明整套教材的数字化功能设计，阐述其定位及设计意图，包括对内容的呈现、教学结构的体现、教学过程的优化和学习经历等的意义。

原生型数字教材的功能设计应关注以下几方面：

① 教材数字化功能的设计要注意定位明确，意图清晰。

② 教材的数字化功能应以整套教材进行设计。有教材整体功能设计，也有栏目特定功能设计，构成统一的功能结构。

③ 数字化功能设计应体现学科特点，并注意考虑促进教与学的有效开展，易用性和实用性。

示例：小学《英语》（外教社版）原生型数字教材数字化功能设计的说明

小学《英语》（外教社版）原生型数字教材的功能设计采用了模块固定、呈现方式固定的模式，便于小学生迅速掌握各个模块的学习方式，确保了学习的顺利进行。

以下以 Touch your face 单元为例，分述各模块的功能设计。

一、Story 模块

Story 模块（图4.6）的教学内容是对话，目的是教会孩子在真实语境中如何用英语进行交际。对话以动画形式出现。功能上设计了两种模式：

（1）Play All（连续播放），让学生了解动画全部内容，理解真实交际语境对话的轮回。

（2）Play Page（逐页播放），让学生逐句学习句型。

另外，在这两种模式的系列页面，可选择中/英文字幕模式，提供播放、暂停、重播、停止和返回五个功能，便于学生学习细节内容。

图4.6　Story 模块界面

二、Words 模块

Words 模块（图4.7）的教学内容是单词。Words 模块的每个单词页面都给出了单词及其图片，并在图片右侧设立 Play，Record 和 Check 三个功能按钮，针对单词学习，形成了"输入—输出—反馈"的有机整体。

图4.7　Words模块界面

图4.8　Structures模块界面

三、Structures模块

Structures模块（图4.8）教授本单元重点句式。界面功能设计使用动画展示句子的意思。对话页面提供Play，Record，English/Chinese字幕三个功能按钮，供学生听或看动画、录音、看字幕时使用。整个功能的设计，便于学生掌握句子的文字、意思并及时输出信息。

图4.9　Chant and Song 的 Karaoke模块

四、Chant and Song模块

Chant and Song模块（图4.9）是本单元重点单词的儿歌。功能设计：儿歌界面有三个功能按键——Enjoy，Practise和Karaoke。Enjoy模式供学生聆听或观看配了动画的儿歌，且同步显示字幕；Practise模式显示儿歌的文字，自动播放两遍完整的儿歌朗读录音，字音同步；Karaoke模式（图4.9）供学生自己唱儿歌。输入部分完整详细，输出部分趣味性强。三种功能的设计抓住了儿歌学习的重难点。

五、Games模块

Games模块属于复习巩固阶段，主要复习单词和句型的意思及其使用。功能设计：复习阶段根据所复习的内容不同，设计了两种形式，一种是针对单词复习的翻卡配对游戏（图4.10），另一种是针对句型复习的图文匹配游戏（图4.11）。

图4.10　翻卡配对游戏界面

图4.11　图文匹配游戏界面

图4.12　Reading模块界面

六、Reading模块

Reading模块（图4.12）的教学内容是跟单元主题相关的阅读文章。功能设计是简单的电子书模式，可点击翻页。根据这一阶段小学生的特点，电子书做成了"绘本+有声书"的形式，进入页面的同时播放该页录音，让学生借助"图片"理解意思，通过"听录音"享受与"听故事"一样的效果。

（四）教材使用指南的设计

原生型数字教材是基于数字化、信息化环境而开发的软件式教材。因此，使用指南是原生型数字教材必不可少的一部分。使用指南用于指导教师与学生如何使用原生型数字教材中的数字化功能进行教学和学习。

在《编制方案》中，应以图文形式说明教材数字功能的使用方法及相关要求。

建议原生型数字教材的使用指南包含以下几方面：

① 教材详细操作说明，包括菜单调用、按键说明、功能与操作方法等。

② 建议的教材使用软硬件与环境要求（包括网络环境、软硬件配置）等。

③ 原生型数字教材的使用指南应以不可任意修改的文档形式（如PDF等）呈现，且应融合在原生型数字教材内，在进入原生型数字教材后可以直接获取与保存。原生型数字教材使用指南示例详见附录8。

十、原生型数字教材的自查与检测

原生型数字教材各项指标的自查与检测工具表可参考使用复合型教材的自查与检测工具表。

原生型数字教材编制的基本
技术要求和功能设计方案

一、原生型数字教材编制的基本技术要求

原生型数字教材是根据数字媒体及数字化学习特点量身定制，通过移动网络及智能终端设备呈现的全新形态数字互动教材。原生型数字教材的技术实现过程应当考虑教材内容、学校硬件条件、教学环境等诸多因素，需要满足以下几方面的技术要求。

（一）运行环境要求

原生型数字教材必须能在主流的软件操作系统和硬件设备上流畅运行，数字教材研发完成后需提供对最低运行环境的要求描述。建议适配的最低运行软硬件环境示例如下：

1. 硬件设备要求

1）CPU：Intel E5200 及以上；

2）内存：4GB 及以上；

3）16 bit 声卡；

4）Microsoft 兼容鼠标。

2. 软件环境要求

1）操作系统：Windows（运行于 32 位色、分辨率 1280×960 及以上）；

2）Flash Player 11 及以上。

3. 网络环境要求

1）连接互联网；

2）浏览器：IE 8 及以上版本；Chrome 3.0 以上；FireFox 2.5 以上；360 浏览器 6.0 以上。

（二）数字教材平台的技术要求建议

原生型数字教材平台必须能在一定规模用户并发条件下稳定提供服务，并能够在

网络异常的情况下提供部分功能或降级提供功能,抵御常见网络攻击,保证用户数据的安全性与完整性。为保证系统正常提供功能服务,建议达到的指标如下:

1.负载能力要求

1)支持2 000个以上学生同时在线使用;

2)系统处理请求的能力超过15 qps。

2.可用性要求

1)支持断网情况下的降级使用;

2)网站服务的可用性达到99%以上。

3.安全性要求

1)采用HTTPS协议提供服务;

2)能抵御XSS和SQL注入等常见网络攻击手段;

3)确保网站重要的数据不被窃取和篡改。

(三)原生型数字教材平台的功能建议

原生型数字教材平台建议具备以下主要功能:

1.离线状况下也可使用部分或全部数字教材内容。

2.设计合理的教材内容导航系统。

3.设计良好的课程、平台接口规范和明晰的课程资源元数据标注规范。

4.教师可以建立班级、管理班级、布置作业、评价作业等。

5.有一定的学习数据统计分析功能。

6.可以开展师生间的交流讨论、资源分享。

(四)数字资源格式标准

原生型数字教材中的数字资源包括数字文本、图片、音频、视频等。

各类媒体资源采用国际通用标准和主流格式存储,能够在常用的教学终端中流畅播放。每种类型媒体资源的技术指标要求如下:

1.文本资源技术指标

1)文本格式为txt;

2)文本编码统一采用UTF-8编码。

2.图形/图像资源技术指标

1)彩色图像颜色数不低于24位真彩色,灰度图像的灰度级不低于256级;

2)扫描图像的扫描分辨率不低于150 DPI,不高于600 DPI;

3)采用常见的存储格式,如位图采用JPG,PNG等,矢量图采用Flash,SVG等。

3.音频资源技术指标

1）数字音频的采样频率为44.1 kHz,码流为128 Kbps;

2）量化级16位或32位;

3）声道数为双声道;

4）采用MP3或AAC存储格式;

5）语音根据教学需要采用标准的普通话、美式或英式英语配音,使用适合教学的语调;

6）音频播放流畅,声音清晰,噪声低,回响小。

4.视频资源技术指标

1）分辨率不低于640×480（480P）,推荐1280×720（720P）;

2）视频的帧频数不小于25帧/秒;

3）视频的码率一般为1～3 Mbps;

4）视频集样使用Y,U,V分量采样模式,采样基准频率为13.5 MHz;

5）视频数据应制作成MP4格式;

6）彩色视频素材每帧图像颜色数不低于256色;

7）黑白视频素材每帧图像灰度级不低于128级;

8）字幕要使用符合国家标准的规范字,不出现繁体字、异体字（国家规定的除外）、错别字;字幕的字体、大小、色彩搭配、摆放位置、停留时间、出入屏方式力求与其他要素（画面、解说词、音乐）配合适当,不能破坏原有画面;

9）音频与视频图像有良好的同步,音频部分应符合音频素材的质量要求。

（五）原生型数字教材的技术选型建议

在原生型数字教材的技术选型方面,主要考虑在媒体呈现方面具有优势的前端技术,Flash与HTML5是目前主流的两种备选方案。

采用Flash技术方案的优势在于对硬件设备的要求不高,由于Flash技术已有较长的发展历史,多数技术公司都已经积累了丰富的Flash素材和方案,降低了原生型数字教材的研发成本。但Flash技术方案的缺点也非常明显。最近几年来,Flash技术逐渐边缘化,安卓和iOS系统不支持Flash播放,Adobe也已正式宣布于2020年停止对Flash的开发与更新。因此,若选择Flash技术用于原生型数字教材,应当满足以下两个条件:不需要支持移动设备;数字教材中对于音视频录制等数字媒体应用要求较高,同时对稳定性和兼容性的要求较高。

HTML5技术是目前各平台通用的技术,只需要浏览器即可呈现数字内容,同时也能够较方便的打包为APP在移动设备上呈现。但是HTML5技术的兼容性尚存在一些问题,例如基于HTML5的录音功能在有些浏览器上就无法得到很好的支持。因此,在实现的过程中,应当着力解决不同浏览器上HTML5的兼容性问题,保证数字教材的稳定运行。

　　以下作为示例的小学《英语》(上教社版)原生型数字教材、小学《英语》(外教社版)原生型数字教材,采用的技术方案类型略有不同,功能设计方案也有所差异。小学《英语》(上教社版)主要采用Flash技术的一种联网型PC客户端的形式,学生在不联网的条件下可以使用数字教材绝大部分的功能,在联网条件下能使用班级、作业等更多在线教学管理功能;小学《英语》(外教社版)主要采用了Flash技术进行研发,按完全离线的方式进行设计,无须联网即可使用全部功能。

二、原生型数字教材功能设计方案

(一) 小学《英语》(上教社版)原生型数字教材一、二年级功能设计方案

　　小学《英语》(上教社版)原生型数字教材一、二年级由上海教育出版社负责研发。本教材通过动画呈现完整的语境,让学生感受语言运用;通过视频呈现真实的世界,为学生提供真实的语言环境;通过角色扮演、卡拉OK、趣味游戏等互动性强的功能操练、运用语言,帮助学生进行真实的语言交际。这些数字化的呈现让学生既在有意义的活动体验中感受英语学习的快乐,又充分操练了词汇和句型,打好语言学习的基础。

　　1. 教材资源的功能设计

　　1) 教材客户端的设计

　　本教材一、二年级采用联网型PC客户端的形式供客户使用。用户可先通过离线安装包的形式安装单册教材内容(图4.13、图4.14)(安装包可以制作成光盘或USB闪存盘,便于按学期分发),再通过联网认证教师或学生帐号后使用。

图4.13　教材安装界面

图4.14　教材分册界面

2）教材客户端及其资源格式标准

本教材一、二年级中的数字资源包括文本资源、图像资源、音频资源、视频资源、动画资源等。各类媒体资源采用国际通用标准和主流格式存储，能够在常用教学终端中流畅播放。

教材客户端技术选型是基于Flash的多媒体环境开发教材客户端，以适应目前大多数学校还是通过PC电脑进行教学和备课的现状。

数字资源的开发遵循如下技术标准：

表4.14　数字资源格式标准

资源类型	格　式	技术标准说明
文本资源	.txt文件	文本编码统一采用UTF-8编码
图像资源	.jpg文件	尺寸800×600像素，300DPI
音频资源	.mp3文件	码率为128 Kbps，采样频率为44.1 kHz双声道
视频资源	.mp4文件	分辨率为640×480（480P），帧频数为25帧/秒
动画资源	.swf文件	尺寸800×600像素，帧频数为25帧/秒

3）教材导航系统设计

本教材的导航系统采用地图场景式教材目录加弹出式单元导航菜单的设计。每一学期教材的目录（图4.15）以地图的形式呈现学习单元，并根据场景设计相应的建筑或内容图标，一目了然。进入每个单元后，在界面左下角呈现导航圆盘图标，单击后弹出单元栏目菜单（图4.16），方便切换。这样设计是出于教材画面应以学习内容为主的考量，菜单按钮不宜占用太大空间，减少其屏占比，不干扰学生的注意力。

图4.15　地图场景式教材目录

图4.16　弹出式单元导航菜单

4）教材功能设计

本教材一、二年级的主要功能有：动画/视频播放功能（图4.17、4.18）；可调节字幕功能；点读功能；角色扮演功能；内容记录、回放和上传功能；歌曲/儿歌卡拉OK功能；自动批改练习功能等。

图4.17 无字幕画面

图4.18 有字幕画面

由于小学一、二年级没有认词读句的要求，因此在呈现上默认为不出现文字内容，但是根据教学实际，教师可以使用字幕调节功能显示文字。

根据小学一、二年级学生活泼的特点，同时充分发挥数字教材内容多样性、互动性强的特色，设置了"角色扮演"（图4.19）和"卡拉OK伴唱"（图4.20）功能。

图4.19 角色扮演功能

图4.20 卡拉OK伴唱功能

录音和上传功能（图4.21）的设置是为了让学生真正地开口操练。通过录音活动，学生在情境中操练语言，获得学习经验；通过上传功能，教师能获得学生的录音信息，及时了解学生的完成情况，并能及时分享，丰富课堂教学形式。

5）教材反馈和激励机制

针对本教材一、二年级的游戏和练习栏目（图4.22），系统会对学生的表现进行及时的反馈与激励。正确的给出笑脸和相应的音效，错误的给出哭脸和相应的音效。同时，

录音功能

正在录音

录音可回放、重录和上传

图4.21　录音和上传功能

开始界面

哭脸

笑脸

星星提示正确率

图4.22　游戏和练习栏目

在游戏栏目中,系统还会根据正确率给学生星星奖励。星星越多,说明学生对学习内容掌握得越好。

6)教师备课支持

为了方便教师备课,本教材一、二年级设计了可供教师自行添加素材的备课系统。该备课系统支持的数字资源格式为:txt,doc/docx,xls/xlsx,ppt/pptx,PDF文件以及MP3音频和MP4视频文件。

素材库(图4.23)是以单元为单位进行添加、储存和管理的。操作方式也非常简

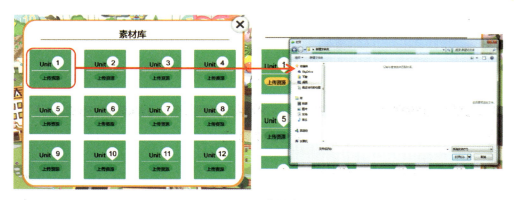

图4.23　素材库

单，只需要在教材主界面右上角点击"素材库"按钮，选择自己要添加的资源，点击"打开"，显示"上传成功！"即可。上课时教师可以直接在单元任何界面左下角的弹出菜单内点击"文件夹"按钮（图4.24）调用已添加的资源。

图4.24　文件夹按钮图标

2. 教材师生互动的功能设计

1）师生帐号

本教材通过帐号的方式（图4.25）绑定教师角色或学生角色，实现师生教学互动。区分教师和学生帐号的目的是便于组织和管理班级、进行作业提交与批改、教师评价等。此外，还可以为教师提供更多的教学相关资源。

2）班级管理

图4.25　教材帐号登录界面

本教材一、二年级设置了班级管理系统，便于教师了解学生的学习情况、作业情况并及时给予学生鼓励与评价。

3）作业、评价及学习统计

本教材一、二年级的作业系统带有学习统计功能，方便教师了解班级完成情况。

学生完成作业并提交后，教师即可在"学生操练管理"（图4.26）中看到学生的作业，同时可以根据单元和栏目进行筛选查看，也可以点击学生姓名查看某位学生全部作业情况。在管理界面，点击 🎧 可以听到学生上传的录音内容。点击 😊 😐 😟 可以给学生相应的评价。

此外,教师可以在"练习数据分析"(图4.27)中选择相应的单元和栏目查看学生练习情况汇总。

图4.26　"学生操练管理"界面

图4.27　"练习数据分析"界面

(二) 小学《英语》(外教社版)原生型数字教材功能设计方案

小学《英语》(外教社版)原生型数字教材由上海外语教育出版社负责设计制作。本数字教材从低龄学习者的语言习得特点出发,围绕小学生日常生活中常见的主题进行场景设计,通过故事场景动画展示,词汇巩固游戏,模仿跟读操练,模拟交际场景的口语训练等教学环节,轻松有趣地教授英语语言知识,培养学生就特定主题进行交际、获取信息的能力。

1.教材内容在线/离线使用设计方案

为了适应各种网络条件,本教材的使用方式设计为可在教材内容下载后完全离线使用的方式,教材内容按册进行打包,师生可以选择下载,下载后无须安装,解压即可直接使用。

2. 数字资源格式标准

本教材中的数字资源包括文本资源、图像资源、音频资源、动画资源等。

数字资源的格式采用如下标准:

表4.15　数字资源格式标准

资源类型	格　式	技术标准说明
文本资源	.txt 文件	文本编码统一采用UTF-8编码
图像资源	.swf 文件	采用的全部是矢量图
音频资源	.mp3 文件	码流为128 kbps,采样频率为44.1 kHz双声道
动画资源	.swf 文件	帧速率为25帧/秒

3. 教材导航系统设计方案

按照数字教材的结构,设计合理的导航系统,其目的是降低用户切换内容的成本,减少点击次数,同时还能让用户对于教材内容的整体编排有清晰的认识。教材内容的导航设置了三个级别:单元级别(图4.28)、单元内容板块设置级别和页面级别(图4.29)。

学生在使用教材过程中,可以按顺序点击页面级别导航按钮进行学习,也可以通过单元内容板块级别按钮快速定位到需要前往的内容板块。

图4.28　单元级别导航

图4.29　单元内容板块级别导航、页面级别导航

4. 教材的反馈与激励机制设计方案

本教材针对其中的每一处练习都设置了反馈与激励机制，能及时有效地针对学生的学习行为作出反应，纠正学生的学习输出，激发学生挑战学习任务的兴趣。

反馈激励机制有以下几种形式：

1）页面上要求学生录制单词朗读录音的，如果学生已经正常完成，那么就会回放学生的录音，供学生自行比对。如果学生没有正常完成的话，会给出文字提示"Come on. Try again."

2）针对教材中与文明礼仪用语相关的内容，如果学生作答正确，则会在界面上显示大拇指以示鼓励；如果学生作答错误，则会显示摇摆的食指，表示选择错误，请再次尝试。

3）教材中包含十分丰富的游戏环节，反馈机制也略有不同。所有的游戏都伴随着表示正确的欢乐音效或表示错误的"滴"一声的音效，提示学生刚刚的作答是否正确，个别还伴有鲜花与掌声的效果。

5. 教材练习系统及学习情况统计设计方案

练习的设计是本教材一个重要的环节，不仅能够帮助学生巩固所学到的知识，并且通过多样化的练习形式，帮助学生们避免枯燥机械的训练，在游戏中巩固所学内容。本教材的练习类型包括选择题、判断题、匹配题、配音题等。每一种题型不仅包含不同的媒体组合形式，而且也采用了多样的游戏设计模式。例如，匹配题中包括了图片与文字匹配、图片与音频匹配或音频与音频的匹配等多种组合形式。针对不同的匹配组合，游戏呈现方式也是丰富多样的，如图文匹配游戏、连连看、打弹弓、投篮游戏等。

图4.30　徽章墙

教材中所有交互练习的完成情况都会统一记录在徽章墙中。尚未完成的练习，在徽章墙中则是灰化处理（图4.30），提醒学生还有练习没有完成。

目前徽章墙的交互仅仅是提供给学生自己观看。由于目前小学原生型数字教材中并没有添加复杂的后台管理和数据统计功能，因此学生如果想要将自己学习的成果提交给老师，可以使用徽章墙的打印功能。学生可以在徽章墙上填写自己的姓名,然后点击"Print"按钮,将徽章墙转为PDF文件打印并提交给老师,便于教师了解学生的学习情况以及存档。

三、全课程资源建设的基本技术要求和功能设计方案

(一)"双新课程"全课程资源基本技术要求

"双新课程"即上海中小学新科学新技术创新课程,是推动中小学科技创新教育的一项尝试。"双新课程"全课程资源提供的平台是一套基于web技术的数字化平台,同时包括教学所需的服务及教研交流的互动空间,以在线学习和交流为主,突显平台的属性,其数字化部分可以参考原生型数字教材的基本技术要求。

(二)"双新课程"全课程资源功能设计方案

"双新课程"以学生经历"真实"科技创新的过程为核心,构建"准备创新""体验创新""自主创新"三阶段课程;以拓展型课程、研究型课程选择性修习的形式在学校实施。"双新课程"在教学目的上突出对学生创新意识和创新能力的培养,突出学生个性化学习的发展;在学习过程上借鉴项目学习(Project-Based Learning,PBL)模式,倡导经验学习、活动学习和小组学习为主的学习方式;在学生评价上主张发展性评价、过程性评价和表现性评价等。

"双新课程"通过构建专题性网站,实现课程资源、教学交流、课程服务三大功能设计,在传统的"课程—教材"模式基础上,探索"课程—服务"的新模式,不仅提供课程内容资源,还将教学所需的服务及教研交流机制一并纳入网络平台,通过对在线学习的支持来拓展课程学习的时间和空间。

"双新课程"面向三大用户(学生、教师、学校管理者),整合全课程要素(课程目标、课程内容、教学活动、课程评价、课程管理、课程保障),将所涉及的课程资源设计归纳为三大模块,分别是课程资源模块、教学交流模块、课程服务模块。

1.课程资源模块的功能设计

"双新课程"平台已陆续研发试点了适合高中学生选学的12门种子课程。根据课程设计和一线教学需求,网站为学校师生提供每门课程必要的课程资源,包括课程方案、电子教材、教学设计、教学课件、课题指南与辅导、文献摘录、微视频等(图4.31)。课程资源以网页形式呈现,不仅有更便捷的内容导航系统,还提供充足的课程资源便于教学开展(图4.32),让师生可以尝试"翻转课堂",减少课堂教学课时不足的矛盾。

除了使用平台提供的教学设计、教学课件等项目组编制的资源内容外,平台设计也

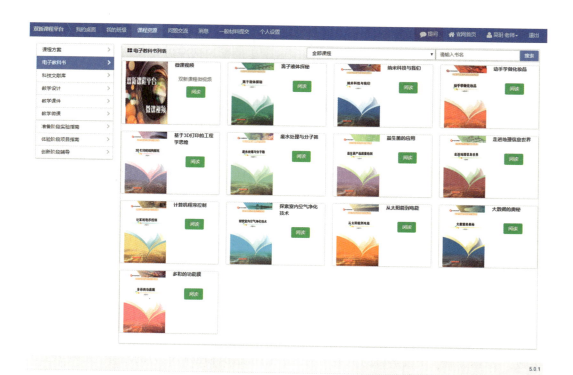

图4.31 "双新课程"课程资源列表

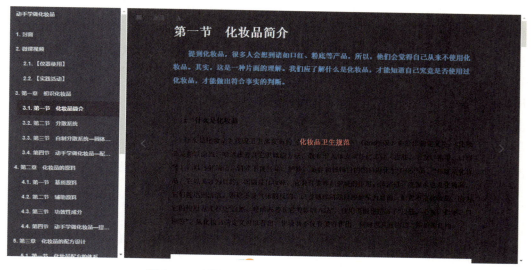

图4.32 以网页形式呈现的课程资源导航系统

充分考虑网络"去中心化"的特点,鼓励用户生成内容(User-Generated Content,UGC),师生可以将自己收集或者制作的相关课程资源按不同范围选择分享给同班同学、同校师生或者全平台所有用户(图4.33)。随着课程用户的不断累积,用户生成内容将通过个体经验、教研经验的不断积累和分享,进一步推进课程的实施和优化。

图4.33　用户也成为课程的贡献者

2. 教学交流模块的功能设计

仅有课程资源是无法保证课程实施的,特别是以研究为主的新课程。此类课程还需要探索一种新型的教研机制,建立学校同行之间的横向交流,解决课程实施中遇到的各种问题。因此,平台网站专门设置"问题交流"板块,不仅有平台提出的常见问题,用户还可以根据实际教学中遇到的各种问题提问,既可以由平台跟进联系专家解答,也可以由其他有经验的用户帮助解答——专业解答与用户间去中心化的交流,形成两条相互交织、互相促进的交流主线(图4.34)。为选取相同课程,

图4.34　"问题交流"板块

但分散在各处的师生搭建便利的交流平台,既能增加学校之间的教学经验交流,又能拉近课程编制专家团队与师生、教研团队与学校之间的距离,为师生教学提供更密切、直接的支持和帮助。

3. 课程服务模块的功能设计

在传统"课程—教材"模式基础上,"双新课程"平台努力探索"课程—服务"模式,不仅提供课程教学内容资源,还根据课程开设的实际需求提供师资培训、班级管理、学生评价、创新氛围营造等服务资源(图4.35)。其中,在"我的班级"功能下可以添加学生账号、安排课程计划、管理班级学生作业,并可自主设置评价项及其权重,对学生学习进行及时反馈和评价,具备一定的学习数据统计分析功能(图4.36)。

平台还将根据用户的需求反馈,如希望提供课题指导、实验指南、创新研究的专家对接、创新成果转化等,逐步加强学校及师生的个性化需求服务的对接功能。

图4.35 "我的桌面"显示平台或学校发布的培训通知、教研活动等服务信息

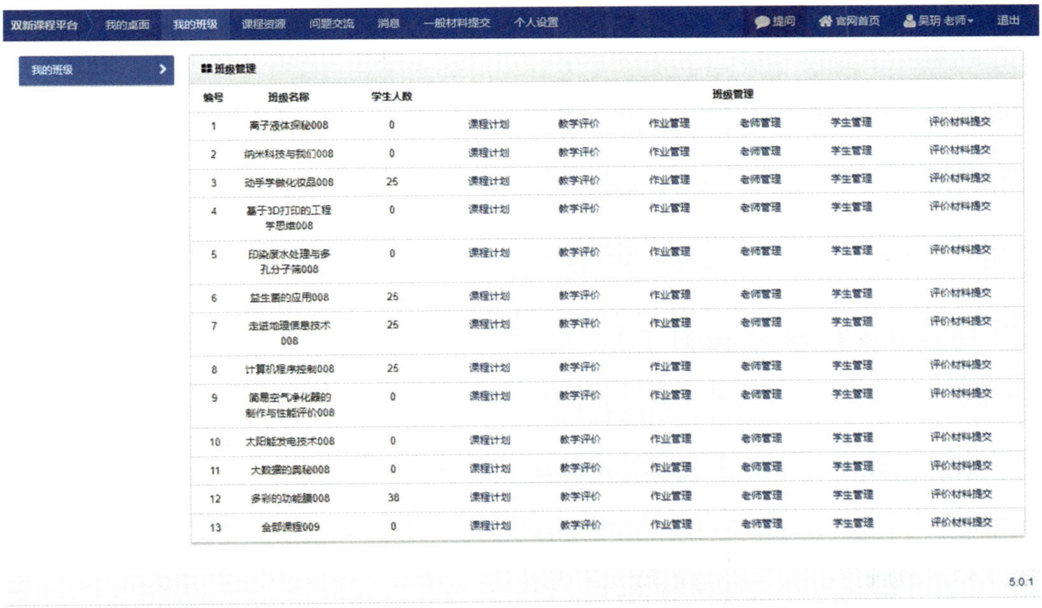
双新课程平台
我的桌面
我的班级
课程资源
问题交流
消息
一般材料提交
个人设置
提问
官网首页
吴玥 老师
退出
我的班级
班级管理
编号
班级名称
学生人数
班级管理
1 离子液体探秘008 0 课程计划 教学评价 作业管理 老师管理 学生管理 评价材料提交
2 纳米科技与我们008 0 课程计划 教学评价 作业管理 老师管理 学生管理 评价材料提交
3 动手学做化妆品008 25 课程计划 教学评价 作业管理 老师管理 学生管理 评价材料提交
4 基于3D打印的工程学思维008 0 课程计划 教学评价 作业管理 老师管理 学生管理 评价材料提交
5 印染废水处理与多孔分子筛008 0 课程计划 教学评价 作业管理 老师管理 学生管理 评价材料提交
6 益生菌的应用008 25 课程计划 教学评价 作业管理 老师管理 学生管理 评价材料提交
7 走进地理信息技术008 25 课程计划 教学评价 作业管理 老师管理 学生管理 评价材料提交
8 计算机程序控制008 25 课程计划 教学评价 作业管理 老师管理 学生管理 评价材料提交
9 简易空气净化器的制作与性能评价008 0 课程计划 教学评价 作业管理 老师管理 学生管理 评价材料提交
10 太阳能发电技术008 0 课程计划 教学评价 作业管理 老师管理 学生管理 评价材料提交
11 大数据的奥秘008 0 课程计划 教学评价 作业管理 老师管理 学生管理 评价材料提交
12 多彩的功能膜008 38 课程计划 教学评价 作业管理 老师管理 学生管理 评价材料提交
13 全部课程009 0 课程计划 教学评价 作业管理 老师管理 学生管理 评价材料提交
5.0.1

图4.36　课程服务包括作业管理、教学评价等功能

第三节
原生型数字教材建设的实践

一、原生型数字教材样例

1. 小学《英语》(上教社版)

小学《英语》(上教社版)原生型数字教材是完全基于数字化、信息化环境而开发，专为小学一、二年级编制的以英语听说为主的数字教材。本教材以《课程标准》为依据，以听说为抓手，通过大量视、听、说、唱活动，让学生充分感知语言，培养英语表达能力，培养英语语感，激发学生学习英语的兴趣，为后续学习奠定坚实的基础。

本教材供小学一、二年级共四个学期使用。以两个小外星人 Spaceboy 和 Skygirl 来地球上的 Garden City 探索为线索，带领学生进入不同主题场景，观察主线人物的日常生活，在真实的语言环境中感受语言，在生动有趣的活动中操练语言、运用语言。每个学期有四大主题场景，分别是 At school, At home, In the street, In the suburbs，每个主题场景下设三个小场景，每个小场景即为一个学习单元。每个单元的主要学习栏目包括 Target, Let's watch, Let's talk 和 Let's practise。此外，根据内容需要还会安排拓展栏目，包括 Let's sing/enjoy, Let's play 和 Enjoy a story。通过精美的动画呈现完整的语境，让学生感受语言运用；通过视频为学生提供真实的语言环境；通过精心设计且形式多样的趣味情景游戏(如对对碰游戏、棋盘游戏等)丰富学生的学习体验，在游戏中巩固所学，寓教于乐；通过角色扮演、互动对话、歌曲欢唱等数字化功能操练和运用语言，帮助学生学习真实的语言交际，让学生在有意义的活动体验中既感受英语学习的快乐，又充分操练了词汇和句型，打好语言学习的基础。

本教材由学生端与教师端构成。学生端和教师端可以绑定班级关系，学生端的活动和作业记录会形成学生档案并提交给教师，教师端可以收集活动和作业记录，收发数字化作业，给学生评价等。

扫描二维码，观看介绍视频

小学《英语》(上教社版)原生型数字教材由上海教育出版社编制，徐汇教师进修学院正高级教师施嘉平任主编，汇师小学中学高级教师陈鹰、世界外国语小学特级教师孔琦负责内容编制，上海教育出版社英语教材编写委员会与牛津大学出版社（中国）有限公司英语教材编写委员会共同策划，上海教育出版社程林编审、赵柳松副编审负责组织管理；责任编辑戴嘉子、张迎庆，技术编辑戴嘉子、金枫、周长天。

2. 小学《英语》（外教社版）

小学《英语》（外教社版）原生型数字教材，营造与使用纸质教材不同的学习氛围，不仅能够使学生切实感受到多媒体辅助下英语学习的乐趣，还能使教师通过数字化手段，提升教学效果，激活课堂互动。教材供小学一、二年级四个学期使用，严格遵照《课程标准》，采用主题模块式教学法设计和编制；符合小学英语教学实际，尤其体现听说能力的重点培养。每个学期的学习内容分为六个模块，每个模块设置两个单元，总计12个单元。教材分为学生版与教师版两个版本。

学生版中每单元包括IN CLASS、FUN TIME两大板块，涵盖Story，Words，Structures，Chant and Song，Games和Reading六部分内容。教师版中还增添了Treasure Box板块，方便教师进行课堂组织与师生互动。

本教材内容丰富，呈现形式多样。除课文学习、句型操练、动画展示与录音跟读功能外，还通过趣味性极强的小游戏与课堂互动，激发学生兴趣，增强学习效果，其中包括儿歌卡拉OK、连连看、拉霸机、脸萌、电子书阅读以及徽章墙等。针对教师教学，教材中提供了丰富的课堂操练内容，除了角色扮演、听力练习与口语练习外，教师还可以教授学生文明礼仪的相关知识，组织妙趣横生的课堂活动。

小学《英语》（外教社版）原生型数字教材由上海外语教育出版社编制，上海外语教育出版社张宏编审策划，朱翊、韩天霖副编审组织管理；责任编辑刘璟、廖红雁、陆轶晖、秦平华、武泽明，技术编辑王沛、牟丽。

扫描二维码，观看
介绍视频

二、全课程资源样例

高中"双新课程"以学生经历"真实"科技创新的过程为核心，以拓展型课程、研究型课程选择性修习的形式在学校实施；在教学目的上突出对学生创新意识和创新能力的培养。双新课程的学习强调学生学习的自主性。因此，"双新课程"通过构建专题性网站，在传统的"课程—教材"模式基础上，探索"课程—服务"的新模式，不仅提供课程内容资源，还将教学所需的服务及教研交流机制一并纳入网络平台，形成课程资源、教学交流、课程服务三大功能体系，为学生自主学习以及跨越课堂时空的课题研究提供平台支持。

课程资源包括课程方案、电子教材、教学设计、教学课件、课题指南与辅导、文献摘录、微视频等。不同类型的课程资源不仅可以帮助教师开展教学,减轻教师的重复型劳动,也可以为学生自主学习提供必要的基础资源,促进学生的主动学习。

　　教学交流和课程服务包括问题交流、作业管理、教学评价、教研活动组织等,其重要作用在于打通师与生、专家与学校互动的渠道,打破课时和教室的时空限制,充分营造课题研究所需的沉浸式空间。例如,通过作业布置、作业提交、作业批阅,教师可以及时对学生学习情况进行反馈;通过教学评价方案的设计和执行,学生也能及时知道自己的学习进展,对学习进行主动调控;通过问题交流,学生以及教师可以跨校和不同师生共同探讨问题,交流分享研究经验,还可以直接向高校专家及时请教、求助,为师生的课题研究提供更密切、直接的支持和帮助。

扫描二维码,观看
介绍视频

　　高中"双新课程"全课程资源由上海科学技术出版社编制,上海师范大学秦浩正副教授任主编,上海师范大学王荣副教授任副主编,上海科学技术出版社苏德敏副编审策划,曾文副编审、吴玥组织管理,责任编辑何孝祥,技术编辑张海峰、陈栋才。

参考文献

［1］ 曹磊.日本电子教科书的发展趋势［J］.出版参考,2012,（18）: 45.

［2］ 陈欢欢.高中化学核心概念教学结构初探［D］.南京: 南京师范大学,2012.

［3］ 陈桄,龚朝花,黄荣怀.电子教材: 概念、功能与关键技术问题［J］.开放教育研究,2012,18（2）: 28－32.

［4］ 何克抗.教学结构理论与教学深化改革（上）［J］.电化教育研究,2007,（7）: 5－10.

［5］ 何克抗.教学结构理论与教学深化改革（下）［J］.电化教育研究,2007,（8）: 22－27.

［6］ 娄智华.信息化环境下教学结构改革的案例研究［D］.上海: 上海师范大学,2013.

［7］ 聂幼犁,於以传.中学历史课堂教学育人价值的理解与评价——立意、目标、逻辑、方法和策略［J］历史教学,2011（7）.

［8］ 彭雪庄.教育信息化2.0时代优质数字教育资源普及模式探究——以广东省数字教材规模化应用调研为例［J］.中国电化教育,2018,（9）: 138－146.

［9］ 邱崇光.“教学结构”和“教学模式”辨析——与何克抗教授商榷［J］.电化教育研究,2002,（9）: 10－13.

［10］ 上海市教育委员会.上海市普通中小学课程方案（试行稿）［M］.上海: 上海教育出版社,2014.

［11］ 上海市教育委员会教学研究室.高级中学 上海市高中地理学科教学基本要求（试验本）［M］.上海: 中华地图学社,2018.

［12］ 上海市教育委员会教学研究室.高级中学 上海市高中历史学科教学基本要求（试验本）［M］.上海: 华东师范大学出版社,2017.

［13］ 上海市教育委员会教学研究室.高级中学 上海市高中英语学科教学基本要求（试验本）［M］.上海: 上海教育出版社,2016.

［14］ 上海市教育委员会教学研究室.高级中学 上海市高中数学学科教学基本要求（试验本）［M］.上海: 华东师范大学出版社,2016.

［15］ 上海市教育委员会教学研究室.高级中学 上海市高中物理学科教学基本要求（试验本）［M］.上海: 华东师范大学出版社,2017.

［16］ 上海市人民政府.上海市中长期教育改革和发展规划纲要(2010—2020年). [EB/OL].2010－09－13 [2019－08－22].http://www.shanghai.gov.cn/nw2/nw2314/nw2319/nw12344/u26aw23338.html.

［17］ 上海市中小学(幼儿园)课程改革委员会.九年义务教育课本 地理 七年级第一学期（试用本）［M］.上海: 上海教育出版社,2015.

［18］ 孙众,骆力明.数字教材关键要素的定位与实现［J］.开放教育研究,2013（4）: 60－67.

［19］ 王茜.多元智力理论下中外物理课堂教学结构的研究［D］.南京: 南京师范大学,2014.

［20］ 闫玉娟.高中化学课堂教学结构调整的调查［D］.呼和浩特: 内蒙古师范大学,2011.

［21］ 吴丹丹.数字化学习与课堂教学结构变革探究［D］.福州: 福建师范大学,2009.

［22］ 徐汉斯.英国继续教育和高等教育电子教科书的发展战略与前景［J］.出版科学,2007,15(6):55-63.

［23］ 杨雪艳.优化边疆地区高一化学教学结构的研究［D］.昆明:云南师范大学,2014.

［24］ 余胜泉.论教学结构的实践意义——再答邱崇光先生［J］.电化教育研究,2005,(2):22-26,43.

［25］ 张新宇,刘嘉秋.优化数字教材应用 支持教学方式深度转型——上海市系统推进数字教材应用研究［J］.中小学数字化教学,2018,(1):76-78.

［26］ 张培华.纸质教材的数字化未来探析.出版广角,2017(6).

［27］ 占小红.化学课堂结构系统研究［D］.上海:华东师范大学,2013.

［28］ 中华人民共和国国家教育委员会.中小学教材编写、审查和选用的规定［J］.学科教育,1995(10):1-3.

［29］ 中华人民共和国国家教育委员会.全国中小学教材审定委员会工作章程［J］.课程·教材·教法,1988(1):2-5.

［30］ 中华人民共和国国家新闻出版广电总局,中华人民共和国工业和信息化部.网络出版服务管理规定［EB/OL］.2016-02-04［2019-12-02］.http://www.gapp.gov.cn/dingshicaiji/govpublic/6682/371.shtml.

［31］ 中华人民共和国国务院.出版管理条例［EB/OL］.2016-02-06［2019-03-28］.http://www.gov.cn/gongbao/content/2016/content_5139389.htm.

［32］ 中华人民共和国国务院.地图管理条例［EB/OL］.2015-11-26［2019-03-28］.http://www.gov.cn/zhengce/2015-12/14/content_5023591.htm.

［33］ 中华人民共和国国务院.国务院关于印发国家教育事业发展"十三五"规划的通知[EB/OL].2017-01-10[2019-12-02].http://www.moe.gov.cn/jyb_xxgk/moe_1777/moe_1778/201701/t20170119_295319.html.

［34］ 中华人民共和国国务院.音像制品管理条例［EB/OL］.2011-12-25［2019-12-02］.http://www.gov.cn/banshi/2005-08/21/content_25115.htm.

［35］ 中华人民共和国教育部.教育部关于印发《教育信息化2.0行动计划》的通知[EB/OL].2018-04-18[2019-12-02].http://www.moe.gov.cn/srcsite/A16/s3342/201804/t20180425_334188.html.

［36］ 中华人民共和国教育部.教育部关于印发《教育信息化十年发展规划(2011—2020年)》的通知[EB/OL].2012-03-13[2019-12-02].http://www.moe.gov.cn/srcsite/A16/s3342/201203/t20120313_133322.html.

［37］ 中华人民共和国教育部.教育部关于印发《教育信息化"十三五"规划》的通知[EB/OL].2016-06-07[2019-12-02].http://www.moe.gov.cn/srcsite/A16/s3342/201606/t20160622_269367.html.

［38］ 中华人民共和国教育部.国家中长期教育改革和发展规划纲要(2010—2020年).[EB/OL].2010-07-29[2019-08-22].http://www.moe.gov.cn/srcsite/A01/s7048/201007/t20100729_171904.html.

［39］ 中华人民共和国教育部.中小学教材编写审定管理暂行办法［EB/OL］.2001-06-07［2019-03-28］.http://old.moe.gov.cn/publicfiles/business/htmlfiles/moe/moe_621/201412/xxgk_180472.html.

［40］ 中华人民共和国教育部.中小学国家课程教材审定服务指南［EB/OL］.［2019-03-28］.http://www.moe.gov.cn/jyb_zwfw/fwxx_xzsp/xzsp_xm/xm_xm3/xm3_fwzn/201806/t20180625_340897.html.

［41］ 中华人民共和国全国人民代表大会.中华人民共和国义务教育法［DB/OL］.2015-04-24［2019-03-28］.http://www.chinalaw.gov.cn/Department/content/2019-01/17/592_227073.html.

［42］ 中华人民共和国新闻出版总署.图书质量管理规定［EB/OL］.2004-12-24［2019-12-02］.http://www.gov.cn/gongbao/content/2005/content_69258.htm.

附录1
复合型教材审稿要求

一、三审制各审级的任务

三审制中各个审级的职责、任务各有差异。每位审稿者都应在明确本审级职责、任务的前提下,按照标准把本审级的工作做好,以达到对稿件的评价与判断更全面、更客观、更恰如其分的目的。对数字资源、标引,参考传统出版的三级审稿制度,同时需注意数字资源与纸质部分的内容匹配、技术实现标准,标引应符合相关规范等。

三个审级的任务分别如下。

(一)初审

初审是三审制中的第一级审稿。初审者应在通读复合型教材纸质部分及数字资源稿本的基础上,对复合型教材稿件的政治导向、思想倾向和价值(社会价值、科学价值、文化艺术价值),以及复合型教材稿件的具体内容、体例、文字等进行全面审查和研究。同时,教材应符合国家相应的文件精神、课程标准及《编制方案》。此外,还应对照审查意见进行核查。最后,以"审稿意见"的形式表明是否可以采用,是否需要退修及如何退修,是否需要外审等,并将审稿意见随同教材稿件一起依次报送复审、终审,由终审者作出最终决定。

(二)复审

复审是三审制中的第二级审稿。

复审者亦应通读教材稿件,以对教材稿件的内容有一个全面的把握。以此为前提,对初审者关于复合型教材稿件优缺点、价值、质量、效益的审稿意见进行审核与判断,表明自己或认同,或反对,或补充,或存疑的态度。对于初审中提出的原则性问题尤应注意分析;如果与初审者的看法不同,复审者应充分说明自己的意见。对于初审者遗留的问题复审者应予以弥补,帮助解决。对于不符合质量标准的初审,复审者有权要求初审者返工。对于初审提出的退修或退稿意见,复审者应表明自己的态度。

一般来说,复审者必须在把握全稿基本情况的基础上,对某些需要特别注意的部分进行更为仔细的审读。复审者应站在比初审者更高的层次上，以更高的要求来审视教材稿件，并以复审意见向终审者提供决断依据。

（三）终审

终审又称"决审"，是三审制中的最终一级审稿。

终审者主要审查稿件的政治性、原则性等重大问题，应从更高的角度审视教材稿件是否有违法律法规与有关的方针政策，是否有悖于社会主义精神文明建设的宗旨和社会道德规范等。内容复杂、难度较大的教材，应进行全面的审读或约请其他人员帮助审读。

二、外审或专业审读

外审是指将教材稿件请本出版单位以外的专家审读。

外审不属于三审制的组成部分，只是对出版单位审稿工作的一种补充，不能替代三审制中的任何一个审级。出版单位因缺少相应专业的编辑人员而难以把握稿件中专业性内容质量时，才需要进行外审。

外审的主要任务是解决送审单位无法判断、解决的专业问题；不是修改文字，解决枝节问题。外审的目的是对教材稿件作准确评价，避免错误，以提高教材质量。外审意见只供本社决策者参考，不能作为最终决定。

编辑在审稿过程中，如果认为教材稿件的学术理论问题或专业性特别强，可以提出送请有关专家外审的送审报告（送审报告的内容应包括原稿和作者基本情况、编辑对原稿看法，需请外审者解决的问题，进行外审的原因、要求，拟请人选、外审费用标准等）。

附录2

复合型教材校对的相关工作建议

复合型教材的校对工作是保证复合型教材内容无误、正常运行的重要环节,在对复合型教材三审三校后,才能向市教材办提交复合型教材。对复合型教材进行校对,可参照如下建议。

1. 责任编辑负责复合型教材纸质内容部分的校对工作,纸质部分应遵循相关出版业务规范,完成内容的三审三校。

2. 责任编辑、技术负责人共同负责复合型教材集成文件的校对工作。

3. 校对对照原稿,校对数字内容(包括文字、录音、图片或影像)是否符合原稿、是否在正确的位置显示或播放。

4. 如无原稿,则对复合型教材的所有内容进行通读校对。

5. 校对复合型教材所有的功能是否按《编制方案》等设计要求实现。

6. 三审三校完成后,应测试复合型教材在各种软硬件环境下的兼容性、稳定性和安全性(包括对系统产品的压力测试)。

7. 若复合型教材配有纸质说明书,则需要对其进行校对或通读,其要求同图书校对。

8. 保留校对过程中的过程文档,以备核验。

附录3

学科教学结构示例——高中语文

语文课堂教学结构的形式丰富多样,以下对教学结构的描述是针对确定的物理时空内的语文课堂教学。

一、基本维度

1. 学习内容领域

阅读、写作、口语交际、识字与写字、综合学习

2. 学习方式

单个知识点或技能的学习、专题探究

3. 课堂形态

新授课、复习课(练习课)

二、阅读教学新授课的基本结构

传统的语文教材编制基本以文选型教材为主要体例,语文教学也主要通过以选文为主要学习对象的随文学习,帮助学生掌握相关语文知识。高中新课标则提出了"语文学习任务群"的概念,强调以任务为导向,以学习项目为载体,整合学习情境、学习内容、学习方法和学习资源,引导学生在运用语言的过程中提升语文素养。从学生长远发展来看,如何实施通过学习阅读策略来提升学生阅读能力的阅读教学,是语文教学亟待解决的问题。

1. 信息获取为主的阅读课:理解性阅读

"阅读文本,了解大意→聚焦关键概念或发现文章内容的层次,归纳要点→反思阅读过程,发现阅读策略→迁移运用于同类文本的阅读"

该类阅读教学主要针对说明性文章、论说性文章,包括连续性文本与非连续性文本、多重文本、混合文本。

基于文本特征的不同,聚焦关键概念、概括归纳等策略也会发生变化,起始阶段的教学需要选择典型的文本,然后逐步过渡到非典型的文本,学生真正掌握某项阅读策略

需要一个学习过程。

2. 信息甄别、逻辑思维训练为主的阅读课：批判性阅读

"阅读文本，了解大意→关注和分析文本内部的一致性、关联性，判断其前后是否自洽→借助外部知识，判断其学术价值→反思阅读过程，发现阅读策略→迁移运用于同类文本的阅读"

该类阅读教学主要针对说明性文章、论说性文章，包括连续性文本与非连续性文本、多重文本、混合文本。

基于文本特征的不同，聚焦关键概念、概括归纳等策略也会发生变化，起始阶段教学需要选择文体特征比较典型的文本，逐步过渡到非典型的文本，学生真正掌握某项阅读策略需要一个学习过程。

3. 指向信息运用为主的阅读课：运用性阅读

"阅读文本，了解大意→选择相关内容，如需准备的程序、尝试的动作、分析的问题等→对照相应的文字进行初步尝试→如果尝试失败，再研读文字，重新尝试→反思阅读过程，发现阅读策略→运用到陌生的文本阅读与实践中"

该类阅读教学主要针对说明性文章、论说性文章，如阅读与体育项目相关的内容，了解活动程序，并进行相关操作的尝试；又如阅读文学研究类论文，进行作品分析。此类选文语文教材中比较少，目前此类文本的教学取向尚不清晰。

4. 文学体验为主的阅读课：感受性阅读

"阅读文本，整体感受→抓住突破口，研读文本→感受形象，把握作品意蕴→品味语言，加深理解→体验情感，观照生活进行反思"

该类阅读教学针对文学作品，可以是单篇作品，也可以是多重文本。

文学作品有不同的类型，小说、戏剧叙事性较强，诗歌、散文更重视抒情。文本的特征不同，获取感受、理解作品意蕴的策略也不同。开始的教学需要选择文体特征比较典型的文本，逐渐过渡到非典型文本，学生真正掌握某项阅读策略需要一个学习过程。

5. 文学鉴赏为主的阅读课：鉴赏性阅读

"阅读文本，整体感受→可抓住文本关键，把握作品意蕴；也可进一步知人论世，理解作品意蕴→抓住突破口研读文本，鉴赏作品的思想内容、艺术特点等方面的价值→赏析或评价文学作品的策略→运用阅读策略解读具有类似特征的作品"

该类阅读教学针对文学作品，可以是单篇作品，也可以是多重文本。

文学作品有不同的类型，小说、戏剧叙事性较强，诗歌、散文更重视抒情。文本的特征不同，欣赏、评价作品的思想价值与艺术特点的策略也不同。开始的教学需要选择文体特征比较典型的文本，逐渐过渡到非典型文本，学生真正掌握某项阅读策略需要一个学习过程。

6. 以某项语文知识学习为主的阅读课：随文学习知识

"阅读单篇选文或者一组材料，发现某一语言现象→聚焦选文中的这类语句，用例规法探究、梳理相应的语言知识→运用该知识阅读理解陌生的文本"

需要根据选文的核心特征进行语文知识的随文教学。如《安塞腰鼓》中的排比句很多，营造出强烈的气势，这一语言特点与该文本叙述黄土高原厚重且孕育着勃勃的生命力的内容一致。这一课排比数量多、类型丰富，适合七年级学生完整深入地学习排比这一知识。

综上所述，当前学界对阅读教学的结构归类的说法不一，有些说法诸如探究性阅读、深度阅读、专题阅读、整本书的阅读等都有一定合理性。探究性阅读旨在强调探究的学习方式，其根本还是指向对文本的鉴赏、质疑等，可以归入上面的批判性阅读和鉴赏性阅读。而专题阅读、整本书阅读还有待于厘清其本质上的价值，语文教师需要自觉设计其学习目标。

三、示例

高中语文课堂教学结构

课堂形态：阅读新授课

结构类型：鉴赏性阅读

学习内容：高一第一学期第四单元"新诗的阅读"《双桅船》

学习目标：

1. 能够判断诗作中的核心意象和辅助意象，描述其各自可能有的意蕴和价值；
2. 能够通过比较分析核心意象与辅助意象之间的关系，归纳赏析诗作的关键意蕴；
3. 感受、理解诗人执着追求理想的情怀，拓展理解社会、人生的独特视角。

教学结构环节	功　能	呈现形式	样　例
创设情境、引入问题	结合读者的阅读背景知识，唤起读者已有阅读体验，引起阅读兴趣。	通过相关音频、视频等资源，结合师生朗读等活动，引导学生独立感受诗歌的情感基调。	一、自由朗读，初步感受诗意。 1. 散读诗歌。 2. 交流阅读感受：尝试理解诗歌的内涵，扫除阅读障碍。
组织活动、激发思维	通过对文本的深入阅读，形成对文本从形式到内容的整体感受。	以个人思考、小组讨论的形式，抓住文本关键，把握作品意蕴；也可进一步知人论世，理解作品内在意蕴。	二、分析诗歌中的意象，探讨理解诗歌的路径。 1. 反思自己对诗歌的感受是否合理。 2. 从不同意象在诗歌中的不同地位将诗歌中的意象区分为核心意象和辅助意象，借此理解诗歌的意蕴。 3. 把握朦胧诗中意象的内涵以及它们之间的关系，找到解读朦胧诗的钥匙。

（续表）

教学结构环节	功　能	呈现形式	样　例
联系知识、明确本质	抓住突破口研读文本,鉴赏作品的思想内容、艺术特点等方面的价值。	对相关作品做进一步解析,归纳这一类诗歌可能的阅读策略。	三、拓展阅读,明晰阅读方法。 1. 阅读《雨巷》,从意象入手,解读其内涵。 2. 讨论归纳阅读这类新诗的一种基本途径。
运用概念、解决问题	总结鉴赏或评价文学作品的策略,运用阅读策略解读具有类似特征的作品。	以课堂练习或课后作业的方式,讨论和分析相近题材作品,形成基本的认知理解。	四、运用 1. 以一个诗人为例,寻找他常用的意象,如海子的"麦子""太阳"等,发现意与象之间的关系。 2. 查找资料,为"核心意象"写一个词条。

附录4

学科教学结构示例——高中英语

英语学科具有工具性和人文性的双重属性。其工具性决定了英语学科的主要任务是发展学生的语言能力,注重知识和技能的掌握与语言的综合运用。英语学科还承载着帮助学生形成良好的学习能力、文化意识和思维品质的任务,因此教学内容应有助于培养学生具备一定的跨文化沟通能力,具备运用英语进行独立思考、创新思维的能力,以及有效使用学习策略发展自主学习能力。

英语是一门实践性很强的学科,教学过程要注重情境的创设、语言环境的营造和符合英语学习规律的活动设计。因此,除了教师、学生、教学内容、教学媒体,情境和活动也是英语学科教学结构的要素。

英语学科教材对教学结构的呈现也是多元、多维的,根据教材的实际编制需要和教材特色的设计而呈现不同的特点。常见的教学结构如下。

一、单元整体教学结构

一般情况下以视听(Viewing and Listening)活动"创设情境、引入问题",激活学生已有经验,引起阅读和探究单元话题的兴趣;以阅读(Reading)语篇为载体"组织活动、激发思维",在阅读过程中通过活动或题目设计,使学生形成对文本的整体理解和细节理解,对核心词汇和语法的认知,对语言知识和学习方法的自主探索和自主发现,活跃思维;再"联系知识、明确本质",在前一环节的基础上,明晰一些概念的本质,获得结构化的知识,形成方法,通过口语(Speaking)、写作(Writing)任务达到学以致用的目的;最后设计综合活动(Project)"运用概念、解决问题",以项目作业形式,将所学知识、技能、方法综合运用到解决实际问题中去,并进一步反思、修正,提升思维,形成能力。

二、语言能力培养教学结构

语言能力的培养包括阅读、听力、口语、写作等,由于其不同教学内容和要求而形成相应的教学结构。语言能力是基础，在此基础上学生的文化品格、思维品质和学习能力得到发展。而语言能力发展本质上是语言知识和语言技能有机整合发展的过程。

以阅读为例，教学结构的体现可以是一个听说读写活动的小循环，但侧重的是阅读能力的培养，主题词汇和文本特征语言表达的学习，以及对主题意义的探究。通过视（Viewing）或听（Listening）"创设情境、引入问题"，激活旧知，激活学生大脑中的图式，唤起学生的学习准备；通过阅读（Reading）语篇、分析文本、探究意义实现"组织活动、激发思维"；随后设计活动，如理解（Comprehending）活动、阅读策略（Reading Strategy）学习活动等，建立新旧知识的关联，帮助学生建构对新的主题意义的基本认知和深度认知，建构对某类文体语篇的语言特征和文本特征的结构化认知，即"联系知识、明确本质"；最后，基于学生已经形成的结构化知识和思想方法，在新的情境中运用，以口头（Speaking）或书面（Writing）的形式表达。（见"四、示例"）

无论哪种能力的培养，整个单元都是围绕对主题意义的探究展开，不同的板块也只是通过不同的视角和语篇载体，借助不同的语言技能活动，帮助学生在建构新的主题意义的过程中学习语言知识、发展语言技能、运用学习策略、理解文化内涵、发展多元思维。

三、项目式学习教学结构

近年来在北欧和北美等学校广泛应用的"项目式学习"（Project-based Learning）以项目为驱动，使学生在完成项目的过程中，学习语言、激发思维、发展能力。项目式学习教学结构通常是以小组合作的形式进行，关键环节包括：提出问题—规划方案—解决问题—评价和反思。项目式学习过程强调学生在试图解决问题的过程中发展技巧和能力。项目式学习是为服务学生的学习目标而存在的，不能脱离学科课程目标和内容，因此学生在完成每一个项目的时候，需要自主学习并运用语言知识和语言技能，培养批判性思维，培养解决实际问题的能力，锻炼合作和自我管理能力。

四、示例

英语教材如何体现英语学科教学结构

阅读主题语境：时尚

阅读语篇类型：演讲稿

阅读语篇简介：演讲稿阐述了演讲者对时尚的理解。她认为时尚很重要，对个人、商业、自然环境都产生了很大影响，同时她也认为人生中有比时尚更重要的东西，比如帮助他人。

教学结构环节	功　能	呈现形式	样　例
创设情境、引入问题	1. 激活学生大脑中与主题相关的知识和经验，快速熟悉主题，激发学习兴趣。 2. 铺垫语言知识和文化背景。	让学生观看与文本主题相关的视频、图片，听音频或阅读文本资料，设计与之相关的问答、讨论等活动。活动可以围绕阅读文本中的某个关键人物、事件、观点等来设计。导入材料的选取和问题的设计要依据学生的认知和经验，对学生来说有一定的熟悉度，但也要使学生保持一定的陌生感。	**教材中呈现的教学内容：** 1. 短片：What is fashion to you? 2. 问答和讨论活动 （说明：呈现 What is fashion to you? 的短片，让学生了解短片中不同人对时尚的看法，然后谈论自己对时尚的看法以及生活中时尚的人、物、事。）
组织活动、激发思维；联系知识、明确本质	1. 预测阅读文本，激发阅读动机。 2. 基于已知，获取新知，形成对主题意义的初步认识。	1. 呈现阅读文本，设计选择、问答等活动引导学生运用已有的知识和能力预测并推断阅读语篇的关键点。学生在预测中产生的疑问可以作为之后学习的切入点。学生的预测内容在之后的学习过程中可得到逐步的验证。 2. 呈现阅读文本，通过有层次的阅读理解活动，让学生获取和梳理阅读语篇的信息，验证对阅读文本的预测，理解阅读主题的意义。 3. 通过观察、比较，理解文本中的词汇意义和语法的表意功能，启发学生运用思维导图等方式把握语篇内涵，提升阅读能力。	**教材中呈现的教学内容：** 1. 阅读文本 2. 问答活动 （说明：让学生阅读文本的标题、介绍、首尾段、每段首句，并观察图片，口头预测阅读语篇的体裁、主题等。） 3. 阅读理解活动 （说明：让学生完成有关阅读文本信息的思维导图或表格来理解阅读文本的内容。）
联系知识、明确本质	基于已知，获取新知，形成对主题意义的完整认识。	1. 系统梳理、归纳阅读策略，可包括运用某种阅读方法，分析和归纳某类语篇的结构、文体特征、语言特征，思辨地看待阅读文本的内容等。 2. 通过让学生观察例文、例句、例词，自主探索发现和归纳语法规则、构词法等语言规律，并能够举一反三，明确语言知识的本质特征。	**教材中呈现的教学内容：** 1. 阅读策略 （说明：呈现 Understanding an opinion paragraph 的阅读策略，让学生了解表达观点的段落的一般结构。） 2. 阅读理解活动 （说明：通过问答题让学生了解语篇中的关键信息。） 3. 掌握构词法的活动 （说明：呈现阅读语篇中两组带兼类词的例句，让学生发现兼类词的特点，然后再寻找语篇中更多的兼类词，说出它们的含义和词性，并造句。）

（续表）

教学结构 环节	功　能	呈　现　形　式	样　　例
运用概念、 解决问题	1. 巩固语言知识、运用语言技能，实现英语的交际功能。 2. 运用已学的知识结构和思想方法解决问题。	通过创设真实情境和任务让学生运用在学习过程中获得的语言知识和语言技能进行口头或书面表达。比如让学生开展讨论、调查、阐述观点、撰写报告，等等。	**教材中呈现的教学内容：** 讨论和口头表达活动 （**说明：**提炼阅读语篇中演讲者针对时尚的三个观点，让学生思考、讨论和表达自己对这三个观点的看法。）

附录5
学科教学结构示例——中学数学

数学是研究数量关系和空间形式的一门科学。它由众多的公理、定义、定理、法则、公式、原理等概念按其内在逻辑关联构成学科体系,但是这种内在逻辑性强的学科体系特点对学生学习而言,往往会有困难。因此,教材编制首先要根据《课程标准》规定的内容与要求将学科体系形成适合学生学习的知识序列,然后充分考虑学生的认知规律,对内容素材进行有利于教学的选取与设计编排。

数学教材对数学知识的学习,基本上是围绕着一系列概念的理解和运用展开,其中对概念的理解尤为重要,概念的形成一般需要能从不同事物或情境中认识或抽象出它们的共同本质特征,以便进行概括。因此教材需要围绕概念本质创设情境,建立新旧知识关联,展示其由来、形成与发展。教材在展现数学知识体系的同时,有意识地设计过程,让学生经历并体验观察、比较、猜测、验证、推理与交流等数学活动,着力强调分析问题和解决问题的数学思想方法,主动获得知识间的内在逻辑关联,在理解概念的同时,不断体验各种数学思想方法,提升数学能力。总之,教材通过体现教学结构的设计,实现从重知识的讲授到重学生自主思考和探究的转变,从而实现数学学科在学生思维品质发展中独特的学科价值。

基于此,本研究提出数学学科基本教学结构形式:"概念理解—运用"教学结构。

概念学习主要包括概念的理解和概念的运用。概念的理解一般可通过概念的形成与概念的辨析环节进行学习,概念的运用一般通过例题习题开展学习。

从数学本身的发展来看,通常认为数学概念的来源有两个方面:一是直接从客观事物的数量关系和空间形式反映直接得到,二是在抽象的数学理论基础上经过多级抽象所获。因此,数学概念既有抽象性,也有它的具体内容。对上述第一种情况,在教学中往往利用学生已有的知识经验,以定义的方式直接提出概念,并揭示其本质属性,由学生主动地与原认知结构中的有关概念建立联系,去学习和掌握。而后者在本质上是对某一类对象或事物抽象出共同本质特征的过程。大多数数学概念如定理、法则、公式、原理等的学习都属于此类,在概念形成中需要通过辨别、分类、类比、归纳、概括等一系列活动,抽象出概念的本质特征。

概念的运用,一方面是进一步巩固对概念内涵与外延的准确、全面理解,并将其纳入此前的概念体系中；另一方面，通过对各种变式题组的运用，也是在更大范围内确认和修正概念的过程，对概念的运用从模仿套用到灵活运用，是融会贯通的过程。

教学结构环节	功　能	呈　现　形　式	样　　例
问题驱动（概念引入）	1. 能基于学生认知基础，并激起认知冲突或好奇，燃起求知欲。 2. 能够有利于准确揭示概念的本质与内涵（相关或关联、渐进或递进）。	1. 应用驱动——实际应用问题（联系生活和学生实际，又与学习内容密切相关的真实情境）。 2. 逻辑驱动——数学内部问题（找准新旧知识的内在关联和冲突，设计问题串，架设新概念形成的支架铺垫）。 （注：目前数学教材以应用驱动为主，但数学中大多体现的是内在的逻辑关联）	1. 面积为2的正方形存在吗？ 2. 如果面积为2的正方形存在，那么它的边长是有理数吗？ 3. 如果面积为2的正方形存在并且边长不是有理数，那么边长应该怎样表示？ （第一个问题偏向于"应用驱动"，而后两个问题偏向于"逻辑驱动"。）
抽象概括、建立关联（概念同化、形成）	1. 主动地与原认知结构中的有关概念相联系。 2. 抽象出对象的本质特征，概括形成概念。	在看、听、讲、做的过程中积极经历观察、猜想、归纳、抽象、推理、分析、演绎、建模、概括等自主探究和合作交流的过程，运用各种数学思想方法，积累基本活动经验，提升数学能力。具体可通过不同栏目实现。	上述三个问题的解决，以及后续提炼的无理数概念。 其中三个问题的解决都是通过基于原有的有理数概念，对非有理数的辨认与认识，逐渐明晰无理数的内涵特征：无限不循环小数。同时将新的概念"无理数"与原有的有理数概念建立关联，扩充了数的结构。 4. 有无限不循环小数吗？ （这是对新概念"无理数"的数量与构造的认识与思考，熟悉其外延，进一步认识概念。概念后的实数结构梳理，是明确将新的概念纳入原先的知识结构体系中。）
运用反思（例题、习题）	1. 巩固概念，将其纳入此前的概念体系中。 2. 对概念的运用从模仿套用到灵活运用，是对知识融会贯通的过程，也是能力的体现。	1. 例题需要体现其示范引领、运用新知、巩固概念等作用。其中的呈现需关注解答（注重规范）、分析（注重揭示数学思想和方法运用）。 2. 习题设计需关注：与学习内容与要求的匹配；题型的丰富。	例1　将下列各数放入图中适当的位置。 例2　判断下列说法是否正确，并说明理由。 （这两道例题都通过不同素材和形式再次辨析实数中所有涉及的概念，加深内涵理解，澄清易混淆的细节。习题是再次从不同视角对概念进行梳理，实现多角度的认识，最后一题用字母匹配文字的框图，提高抽象和概括，也是合理、恰当地应用符号，使符号与内容建立起实质关联。）

附录6

学科教学结构示例——中学历史

一、中学历史教学的基本元素

历史是基于史料证据和视角视野的解释。历史教学离不开史料的发掘与运用；对史料的解读，乃至对历史多元视角、宽广视野的解释，一定蕴含着发现、提炼、解决问题的过程。因此，从这个意义上讲，史料、问题构成了中学历史教学的基本元素。

二、中学历史教学的基本结构

从某种意义上讲，史料与问题的关系也构成了中学历史教学的基本结构。日常的历史教学，总是通过基础知识的学习，或是史料（包括源于史料的历史故事）的阅读，发现、提出问题，进而鉴别问题的价值，然后运用（包括收集、整理、分析、理解、比对和综合）史料解决问题。因为历史的学习，往往不太可能以一个问题贯穿始终（一个大问题也总要分解成若干小问题），常常是在解决前一问题的过程中引发出新的问题，然后层层推进，陷入一个无限不循环的发展链之中，视学生对问题的感兴趣程度和学习能力而定行止。所以，以史料与问题的关系所组成的中学历史教学的基本结构，可以用下图表示：

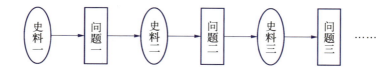

三、确定中学历史教学基本结构的准则

无论是新授课，还是复习课；无论是中国史，还是世界史；无论是初中的历史学习，还是高中的历史学习，大体而言，中学历史教学的基本结构总是如上所述的这种关系。

但是,在中学历史教学中,究竟要以什么样的标准来选择史料和设计问题呢? 或者说,确定这个教学基本结构的准则又该是什么呢? 这个准则大体包含两个方面。

(一) 把握课程内容主旨

把握课程内容主旨,也可称作确定教学立意,即指"预设的通过这堂课的学习,……学生在课堂上获得的不仅能统摄、贯通该课,而且能与其之前和以后的学习相通的核心概念"[1]。

把握课程内容主旨,首先必须把握整个中学历史课程的核心观点;其次,必须把握一般学生的认知水平和最近发展区。

课程内容主旨,制约着教学的全过程。在教学中,对于课程内容的开发、各类史料的选取,乃至问题的设计、结论的得出等诸环节,均须紧紧围绕着内容主旨。一定要有中心、有核心地推进教学,大胆割舍无关宏旨的枝节,这样才能提高教学的效率与效益。

(二) 彰显史学思想方法

中学历史教学的基本结构必须服从于教学目标,以史学思想方法为核心的"过程与方法"目标,是勾连"知识与技能""情感态度与价值观"两个维度目标的桥梁,也是切实有效地达成这两维目标的保障。中学历史课程的史学思想方法主要包括史料的集证辨据和历史的诠释评价两大类:

1. 集证、辨据的思想方法

1)能区分对史实的客观表述和主观认识。

2)懂得文献检索和调查访问是获得实物、文本、口传等史料的基本途径,知晓它们的史料价值,汲取和整理其中的主要信息。

3)懂得文学艺术作品的史料价值,汲取和整理其中的主要信息。

4)懂得"原始史料"与"非原始史料","直接证据"与"间接证据","有意史料"与"无意史料"的区别,正确汲取和整理其中的主要信息。

5)懂得用现代科技手段获得的考古信息,其有效性与可靠性取决于这些手段的先进性和正确运用。

6)懂得因对象和问题不同,历史材料的有效性与可靠性会发生变化;不同的史料有不同的历史价值。

---

[1] 聂幼犁,於以传.中学历史课堂教学育人价值的理解与评价——立意、目标、逻辑、方法和策略[J]历史教学,2011(7).

7）通过归纳和比较，发现史实间重大或主要特征的异同点。

8）能透过对史实的表述、评述，知晓其情感、态度与价值取向。

2. 诠释、评价的思想方法

1）从政治、经济、文化、社会地位、思想认识的视角，解释和评价历史人物。

2）从自然环境、经济状况、政治形态、文化传统、社会生活、时代特征的视角，解释与评价历史事件。

3）从基本特征、主要贡献、创新意义、社会影响的视角，解释与评价优秀文明成果。

4）运用时间与空间、相同与不同、联系与区别、量变与质变、背景与条件、原因与结果、动机与后果、主观与客观等概念和范畴，分析、综合、归纳、比较基本史实和相关问题。

5）根据一定的史实、史料或视角，质疑或反驳有明显缺陷的历史叙述、解释或评价。

6）通过查证史料的有效性、可靠性，检验思维逻辑的合理性，反思自己认识与解决问题过程的正确和准确程度。

中学历史教学中的问题设计，要依据课程标准，基于具体的课程内容，选取典型精当的史料，循序渐进地分解、达成上述以史学思想方法为核心的"过程与方法"目标。

四、中学历史教学结构的基本环节

中学历史教学结构的基本环节如下：

1. 创设情境、引入问题

中学历史教学情境的创设，可以是课的开始和导入，也可以穿插在课的中间以及课的结束，可以贯穿于整堂课的全过程。其大体分为三种方式：

1）历史故事：一般置于初中学段；通常可选择基于史实、典型恰当（为达成目标、与课程内容高度相关）、生动形象、详略得当的历史故事。

2）问题：一般置于高中学段；可确定与课程内容主旨高度相关的核心问题，也可以是引发学习兴趣的导入性问题，或兼而有之。

3）史料+问题：实际是整合上述两种方式，一般由故事或史料引出问题，问题通常指向课程内容的核心概念。

2. 组织活动、激发思维

在引导学生解决问题前，教材、教师必须提供相应的知识背景，以及足以引发学生思考、能够解决（至少是部分解决）问题的史料（基于史学思想方法的培养目标，必须顾及史料数量、类型、性质、难度等的逐次提升）。

解读背景知识,一般采用陈述性的表述,可以呈现前人或古人的研究成果及其路径,引导学生从中习得前人或古人认识历史的思想方法,逐步懂得历史及其认识的逻辑,直到学生可以模仿、迁移运用这种方法作为解决问题的工具。

在活动过程中,教师要注意引导学生运用独立思考和合作探究相结合的方式,通过对史料的整理、分析、归纳、比较、综合运用等,解决问题。

3. 联系知识、明确本质

在教学中,教师借助结构式板书,采用演示与表述同步的方式,梳理历史知识的逻辑结构与学习方法的认知结构,从而揭示课程内容主旨;借助呼应主旨与目标的作业设计,强化对于学习内容的认识及方法的迁移。

4. 运用概念、解决问题

教师在指导学生解决(既有)问题的基础上,可以进一步朝两个方向努力。一是引导学生建立史学思想方法的模型,以进一步指向学生的模仿与迁移;二是引导学生发现、提取新问题,用"足"已提供的史料(即穷尽史料中的信息),进而引发对于同一史料不同解释的思考;或提供更多的史料,延伸和拓展学习空间,进而引发对于同一事件不同史料的思考。以此往复,最后有机地与下一课文的内容及教学相呼应。

必须注意的是,在实际的教学过程中,诸上四要素的界限并非是泾渭分明的,也未必一定是按部就班如序推进的,视课程内容尤其是学生的实际,教师应作出即时的策略性调整。

五、示例

教学结构环节	功　能	呈现形式	样　例
创设情境、引入问题	1.先声夺人,激发兴趣,激活思维。 2.情境指向本课学习的核心观点或概念,隐含着对达成史学思想方法目标路径的指引。 3.由基于史料(或发现历史)的故事作为证据,隐含着历史证据意识的培养。	1.故事情境	**史前人类社会(初中·世界历史)** 　　1879年的一天,西班牙工程师索图奥拉正在西班牙北部的阿尔塔米拉洞穴收集化石,他的小女儿玛利亚也在洞里玩耍。突然,玛利亚发现了洞顶上的巨大壁画,画面上一群雄健的野牛、野马和野鹿似乎向她奔腾而来,一只受伤的野牛低着头,眼睛直瞪着她,吓得她惊叫起来。阿尔塔米拉洞穴壁画是17 000—12 000年前史前人类的艺术杰作,也是人们首次发现的史前人类洞穴壁画。玛利亚的呼喊让考古学家的眼光转向原始艺术,进一步激发了人们探索原始社会奥秘的兴趣。

（续表）

教学结构环节	功 能	呈现形式	样 例
创设情境、引入问题		2. 问题情境	**两宋新格局**（初中·中国历史） 你是否感到奇怪，宋朝抗击西夏入侵时，担任镇守边关重任的是文臣范仲淹；杨家将与契丹鏖战的时候，身后跟着个文官当监军。你知道宋朝为什么会出现这种重文轻武、"皇帝与士大夫共治天下"的政治新格局吗？
		3. 史料+问题情境	**现代化的曲折道路**（初中·中国历史） 20世纪50年代末有这样一张照片，背景是一片丰收的农田，一个姑娘坐在尚未收割的稻穗上。想想该是多么密集的稻穗，才能托起她！这便是"大跃进"时代的"高产田"，增产快、产量高，就像卫星飞上天，所以又称为"卫星田"。事实上，这张照片中，田里的许多稻子是临时大量移栽过来的。你一定奇怪：当时为什么要这样做？
组织活动、激发思维	1. 进一步扣住内容主旨及目标，充实更多或更为具体的史料。 2. 由"史料"发现、提炼"问题"，引导学生借助既有知识，以及对史料的分析、概括、比较、综合等，通过学习活动尝试解决问题。 3. 由"史料"与"问题"可组成一组活动链，循环递进，便可生成多组活动链，从而推进教学活动的深入，也推动着学生思维品质的深化。	1. 史实性单一史料+基于知识复现的问题	**德意日走上法西斯道路**（初中·世界历史） 阅读下列材料，回答问题。 德国完全愿意放弃一切进攻性武器，如果有武器的国家也销毁它们的进攻性武器的话……德国也完全愿意解散它的全部军队，销毁它现有的少量武器，如果邻国也这样做的话……德国愿意同意任何庄严的互不侵犯条约，因为它并不想进攻别国，而只想谋求安全。 ——1933年5月17日希特勒在国会的演讲 **问题：** 1. 请简要评论希特勒的上述言论，并说明你的依据。 2. 你的依据可靠吗？还应当做些什么？
		2. 史论性对立史料+基于知识复现的问题	**中世纪西欧**（初中·世界历史） 有人将中世纪称为"黑暗时代"，也有人认为中世纪是"孕育希望的时代"。怎样理解上述看法？请简要说明你的判断。
		3. 史实性组合史料+建立思想方法模型的问题	**暴虐与抗争**（初中·中国历史） 阅读下列材料，回答问题： 材料一：（抗战老兵陈怀礼2009年的回忆） 1937年11月1日，日军依靠增援部队再度发动进攻。苏州河两岸枪炮齐鸣，50多米宽的河面被燃烧的烈火烧红了……天色渐渐发白，日军增援部队不断登岸，双方巷战，逐屋争夺，几度肉搏，血流成河！

（续表）

教学结构环节	功　能	呈现形式	样　　例
组织活动、激发思维		3. 史实性组合史料＋建立思想方法模型的问题	材料二：(日本从军记者木村毅的日记) 　1937年8月21日抵达上海，在码头上看见日本人处决中国人……到处是废墟、断墙残壁，到处是被烈火吞噬的地方……俘虏中很少有人会喊"救救我"，许多人有很强的抗日意识。 材料三：(当时在上海的德国人赫尔穆特·迪特尔的日记) 　8月13日和14日的夜里充满了重型舰炮的轰鸣、迫击炮的响声和机枪的嗒嗒声。闸北成了战火硝烟的地狱……十多架中国轰炸机开始了对日军旗舰出云号的空袭……虹口和杨浦两区已经完全被摧毁了……我确信日本人所到之处无人幸免于难。 **问题：** 　1. 作为直接证据，上述材料指向哪一历史事件？ 　2. 史学家通常把"当时""当事"的材料称为原始史料。上述材料中有原始史料吗？简释你的理由。 　3. 就证明该战役的战况而言，上述材料在史料类型和论证方式上有何特点？
		4. 开放性活动（开放式的史料收集整理，用于解决针对性的问题）	**计划经济（初中·中国历史）** 　利用课余时间收集新中国的各种票证，将收集到的票证整理归类，在小组内交流你的归类标准及结果。进而可围绕"票证是如何影响着当时人们的生活方式和思维方式的"作深入讨论。
		5. 开放性活动（基于问题，有针对性地收集、整理史料，形成观点）	**经济全球化（高中·世界历史）** **辩论：**我看"经济全球化"
联系知识、明确本质	1. 在史料运用、问题解决过程中，架构知识之间的内在结构，呈现获取知识的思想方法模型。 2. 在由史料与问题组成的学习情境中，调动既有知识，或复现，或综合，解决不同层次的问题，突显历史思维的不同品质。	1. 结构式板书	**商朝与青铜文化（高中·中国历史）** 商朝与青铜文化 商朝{后世文献、甲骨卜辞、青铜器物}→{内外服制、信奉神灵祖先、农业进步、酗酒之风、青铜铸造高水平}

（续表）

教学结构环节	功　能	呈现形式	样　　例
联系知识、明确本质	3. 无论是对知识及其认识的结构化，还是在不同的学习情境中借助史料解决问题，其根本出发点仍是为了主旨与目标的达成。	2. 复现知识，解决与教材内容相同情境的问题	**现代化的曲折道路（初中·中国历史）** 　　下图中的文字是"一个萝卜千斤重，两头毛驴拉不动"。类似题材的漫画在当时中国大量出现，可以印证那时的人们普遍（　　） A. 享受着丰收的喜悦 B. 陶醉于虚幻的现实 C. 满足于富裕的生活 D. 感受到劳动的艰辛 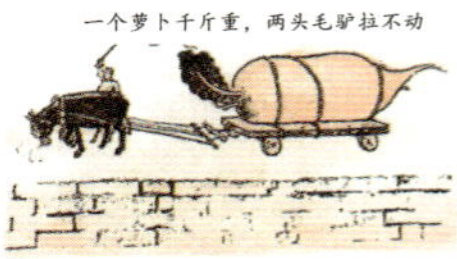 一个萝卜千斤重，两头毛驴拉不动
		3. 综合知识，解决与教材内容情境不完全一致的问题	**秦末农民起义（高中·中国历史）** 阅读下列古人关于秦朝短期而亡原因的观点，回答问题。 材料一：废先王之道，燔百家之言，以愚黔首（百姓）。 　　　　　　　　　——贾谊《过秦论》 材料二：灭四维（礼、义、廉、耻）而不张，故君臣乖乱，六亲殃戮，奸人并起，万民离叛。 　　　　　　　——班固《汉书·贾谊传》 材料三：所以殄灭而降辱者，六王之后也。 　　　　　　　——王夫之《读通鉴论》 材料四：举措暴众，而用刑太极故也。 　　　　　　　——陆贾《新语·无为》 **问题：** 　1. 按材料顺序，简要概括以上观点。 　2. 依据所学知识和以上材料，以"秦朝短命而亡的原因"为题，写一篇300字左右的读史心得。
		4. 拓展知识，在新情境中解决问题	**抗日战争（初高中·中国历史）** 　　在上海境内寻找一个具有较大抗战纪念意义的地点或建筑，以向政府建议的方式提出保护或重建方案。
运用概念、解决问题	1. 调用已形成的知识结构，在史料与问题情境中破解历史名词（概念）所隐含的思想方法与价值观念。 2. 在新的结构化情境中定位既有的历史知识，理解历史概念背后的价值取向。	1. 以破题方式，通过破解历史概念解决问题	**汉武帝时代（高中·中国历史）** 阅读如下材料，回答问题。 　　中国之教，得孔子而后立；中国之政，得始皇而后行；中国之境，得武帝而后定。 　　　　　　　　——夏曾佑《中国古代史》 **问题：** 　1. 试用具体史实说明"中国之境，得武帝而后定"的观点。 　2. 汉武帝对"中国之教""中国之政"的发展有何作为？试用史实说明之。

（续表）

教学结构 环节	功　　能	呈现形式	样　　　例
运用概念、 解决问题	3. 灵活运用历史概念，在新的学史情境中，运用质疑或反思的方式解决问题。		3. 据《汉书》记载，因《谥法》中有"威强睿德曰武"（威严，坚强，明智，仁德叫武），故刘彻的谥号为"武"。汉代人以"武"字概括刘彻一生的作为，是否有其合理之处？为什么？ 4. 后世的史学家在评价汉武帝在"文治""武功"两方面的作为时，大多偏重前者，这是什么原因？ 5. 汉代与后世的史学家对汉武帝最主要功绩的认识有所不同，说明了什么问题？
		2. 综合针对同一历史事件的各种概念，破解概念背后的思想方法与价值观念	**洋务运动**（初高中·中国历史） 历史上对洋务运动如何定性有多种说法："夷务""自强新政""地主阶级自救运动"等。 1. 说说上述各种说法的视角。 2. "洋务运动"的说法与上述三种有何不同？ 3. 依据上述分析，谈谈你对历史事件定性的认识。
		3. 与乡土史或校史结合，以质疑与反思的方式灵活运用概念，解决问题	**上海历史的变迁**（初高中·中国历史） 通过查阅学校档案、走访老教师，发现校史中某个不足部分，运用史料互证的方法加以论证。

学科教学结构示例——自然科学

　　自然科学认识的对象是整个自然界，即自然界物质的各种类型、状态、属性及运动形式。认识的任务在于揭示自然界发生的现象以及自然现象发生过程的实质，进而把握这些现象和过程的规律性，以便解读它们，并预见新的现象和过程，为在社会实践中合理而有目的地利用自然界的规律开辟各种可能的途径。

　　自然科学领域相关学科的教材所体现的教学结构是一种聚焦于知识结构的认知体系。对学生来说，它是一个包含知识技能、学习方法、情感态度等方面，且逐步深化的认知过程。对教师来说，它是引导教师设计课堂教学结构的重要依据。虽然自然科学的知识结构在一定程度上反映了人类认识自然的认知过程，但对学生来说还应有独特的认知心理和一定的目标要求，因此学科知识结构不能替代学科教学结构。

　　自然科学最重要的两个支柱是观察和逻辑推理，这就决定了在自然科学学科的教学结构中实验观察与推理分析是其重要的组成部分。自然科学学科的教材教学结构呈现的方式是多元的，但是究其本质，多数自然科学学科教学结构围绕某一知识主题，通过实验等活动经历对这一主题进行科学研究。

　　基于此，本研究提出自然科学学科比较具有共性的教学结构是："科学探究"教学结构，具体形式如下图所示。

"科学探究"教学结构图

　　"科学探究"教学结构强调通过研究性学习培养学生的能力，在教学过程中紧扣科学探究的一般过程，首先通过创设情境提出相关问题，并根据学生已有的知识和体验来作出猜想假设；然后学生制定方案，通过实验研究或者调查研究等方式搜集证伪假设的证据；接着学生对实验现象、数据或调查的结果进行分析，提炼出某种概念或归纳出某种规律；最后学生将所学的知识应用到实际生活场景中，解释某些现象或解决某些实际问题，体现学以致用。

　　以下用"牛顿第二运动定律"一课来说明自然科学学科"科学探究"教学结构。"牛顿第二运动定律"是高中物理学科的重要内容，是作为力学与运动学之间重要关联的纽带。

教学结构环节	功　能	呈　现　形　式	示　例
提出问题、作出假设	1. 激发学生学习兴趣，激起学生质疑精神。 2. 培养学生客观的科学研究态度。	1. 通过具体的实验、视频或陈述，创设出一个比较具象的情境。 2. 针对情境提出问题。 3. 通过学生具体的活动参与，根据相关体验，作出对某种概念或规律的初步假设。	1. 观察滑板运动。 2. 提出问题：为什么不同的同学滑板启动快慢不同呢？ 3. 猜想滑板运动的启动快慢不同与哪些因素有关。
搜集证据、证伪假设	1. 丰富学生的过程性体验。 2. 经历科学研究一般过程。	1. 通过学生探究实验（包含实验方案设计、学生实验等）搜集证据，对基于未知的假设作出判断。 2. 通过学生验证实验（包含实验方案设计、学生实验等）搜集证据，对基于已知的假设作出判断。 3. 通过问卷调查等手段搜集证据，对假设作出判断。	1. 设计研究a-F、a-m关系的实验方案。 2. 完成学生实验，得出实验结果。
归纳总结、得出概念（规律）	培养学生归纳、交流表达、辩论的能力。	1. 对实验等资料充分论证后，学生互相交流，提炼出概念。 2. 对实验等资料充分论证后，学生互相交流，总结出规律。	1. 得出牛顿第二定律。 2. 讨论加速度两个表达式的区别。
应用迁移、回归生活	1. 培养学生模仿、迁移的能力。 2. 体现学以致用的思想。 3. 提升学生学科的历史观、社会观。	1. 应用概念或规律解释情境中的现象，解释生活中的常见现象。 2. 应用概念或规律解决实际生活问题。 3. 了解规律形成的历史背景，走出课堂观察社会。	1. 联系辽宁号舰载机。 2. 联系体育运动。 3. 联系失重状态下的化学与生物。

附录8

原生型数字教材使用指南示例

小学《英语》(上教社版)原生型数字教材使用指南

单击，进入Let's practise栏目。

单击，播放您已经添加的自己的资源。

单击，进入Target栏目。

单击，出现各栏目图标。

单击，返回场景地图。

单击，进入Let's watch栏目。

单击，进入Let's talk栏目。

单击，进入Let's play栏目。

单击，进入Let's sing栏目。

单击，出现各栏目图标。

单击，进入Let's play栏目。

单击，进入Target栏目。

单击，进入Let's sing/Let's enjoy栏目。

单击，进入Let's watch栏目。

单击，进入Let's practise 栏目。

单击，进入Let's talk栏目。

单击，返回场景地图。

Let's watch

语言输入，在真实的情境中全面呈现本单元核心句型和词汇，适当复现已学知识，便于学生理解与表达。

基本功能：动画播放、角色扮演、分段播放等。

进入动画后，画面按钮功能：

 进度条

 单击此按钮，进入分段播放。

 单击此按钮，进入角色扮演。

 勾选人物后，单击此按钮，可以扮演勾选的角色并录音。

 单击此按钮，进入下一个栏目。

Let's talk

为学生提供操练词汇和句型必要的情境和范例，让学生以个人、对子或小组形式操练语言。

基本功能：对话示范、录音上传等。

进入动画后，画面按钮功能：

 单击此按钮，动画回放。

 单击此按钮，停止录音。

 单击此按钮，进入上一页练习。

 单击此按钮，回放录音。

 单击此按钮，进入下一页练习。

 单击此按钮，上传录音。

 单击此按钮，开始录音。

进入动画后，画面按钮功能：

 单击此按钮，游戏开始。

表示答题正确。

表示答题错误。

 单击此按钮，游戏重新开始。

 单击此按钮，进入下一栏目。

各种有趣的游戏，让学生在游戏中巩固单词和句型。

基本功能：人机互动游戏、自动批改等。

后 记

　　上海市教育委员会教学研究室数字教材建设与教学应用实验项目组对复合型教材和数字教材建设开展了系列研究，形成了复合型教材与数字教材开发建设的技术路径、技术标准及管理制度，提供了丰富的样例，展示了多种样式和技术实现路径，为未来建设复合型教材与数字教材奠定了基础。

　　复合型教材与数字教材建设的研究与实践，是上海市基础教育信息化发展的关键抓手之一。复合型教材与数字教材不仅能改变教学内容呈现形式，丰富教材内容，还能改变教学信息的传递系统，改变教学方式，改变评价方式。

　　复合型教材与数字教材的教学内容承载于信息系统中，教师和学生需要借助信息技术工具来使用教材。因此，信息技术就能自然地融入教学环境中，真正撬动教学信息系统的信息化发展，使信息技术工具逐渐成为教师学生进行教学活动所必需的工具。

　　当学习环境、教学信息传递系统发生变化后，在教学互动过程中，师生互动、生生互动、师生与教学内容间的互动也会随之变化。教师利用信息技术工具可以更加便利地将形式丰富的教学内容组织起来传递给学生；学生则能运用信息技术工具将学习结果更有效地反馈给教师，分享给同学；教师能够根据全面而即时的学生反馈调整教学，采取更有针对性的指导；学生间也可充分利用信息技术来拓展交流互动的方式，建立合作关系，形成学习共同体，使学习更为深入；学生能够利用信息技术高效地梳理学习内容，构建知识体系，表达学习成果。

　　如果复合型教材与数字教材的应用成为常态，可以预见与之相关的信息系统中必然会存在大量能够解释教学效果的数据，基于这些数据，教学评价也将发生变革。经过精心设计后积累的数据能够帮助教师发现学生的学习特征，能够帮助教研员发现教学中普遍存在的问题，能够帮助课程、教材设计者发现教学的实践规律，从而使课程教学各环节的评价更为精准，更具指导意义。

　　复合型教材与数字教材的研究与建设必然会对教育信息化产生深刻的影响，催化一系列教学变革的产生！

　　项目组在开展研究的过程中，得到了许多学校、专家的关心和指导，在此表示衷心的感谢！

倪冬彬

2020年3月

226

编委会

徐淀芳　倪冬彬

核心组成员

岑　健　陈慧敏　程　滨　戴嘉子　刘鸿雁　祁相宇　孙坤静　吴　玥　肖　敏
许　琳　徐　睿　叶　磊　曾　文　邹一斌　章　敏　赵柳松　周　怡　朱新兵
朱　翊

项目组成员

陈春方　陈　菊　陈逸韵　范秋华　管文川　韩天霖　何孝祥　黄　艳　廖红雁
陆轶晖　刘　洁　刘　璟　刘宪文　吕　晔　钱熹瑗　秦平华　邵　宇　沈明玥
施永琴　武泽明　许　梅　王　沛　王培峰　谢佳华　於以传　张　汶　张　燕
张莹莹　周丹妮

撰稿人

刘鸿雁	第一章　概述
周　怡　沈明玥 祁相宇　沙李俊 黄　静	第二章　第一节　复合型教材编制与出版的工作流程与要求 附录1—2
赵柳松　陈慧敏 戴嘉子　曾　文	第二章　第二节　《〈复合型教材编制方案〉的设计规范》
许　琳　邹一斌 徐　睿	第二章　第三节　基本教学结构的研究
岑　健	第二章　第四节　复合型教材编制的基本技术要求
赵柳松　孙坤静	第三章　第一节　复合型教材样章的总体说明
复合型教材样章 编制团队	第三章　第二节　复合型教材样章
朱　翊　戴嘉子 吴　玥	第四章　数字教材建设的研究与实践 附录8

邹一斌　程　林 章　敏　於以传 管文川　徐　睿	附录3—7　教学结构的示例

技术支持

陈栋才　顾　全　顾一唯　纪冬梅　金　枫　满静赟　李菁田　邱陈成　张海峰
周长天

致谢

《〈复合型教材编制方案〉的设计规范》前期研究的老师和提供支持的专家：

车晓旋　陈春方　程　林　杜文彪　李　雯　李　祥　钱熹瑗　秦浩正　王荣良
吴　玥　徐建飞　许　琳　邹一斌　赵海燕　张富胜　张荫尧　章　敏　张仁孚
周洪飞　左卫星

《基本教学结构的研究》参与调研、提供示例和进行评估的主编和专家：

程　林　范　飚　秦浩正　汤　青　王生清　於以传　袁　芳　张　越　朱志浩

复合型教材样章编制团队

原生型数字教材编制团队

其他提供支持的专业人士：

杨宏玲　章琢之　缴　麟　何　勇　胡恺岩　杨　硕　金波艳　罗美芳

相关单位：

华东师范大学出版社

上海教育出版社

上海科学技术出版社

上海外语教育出版社

中华地图学社

中文在线数字出版集团股份有限公司